我在上语文课

我在成都石室联中课堂上与学生交流

我在郑州上公开课

大渡河畔的文学写生

参加全国青年语文教师课堂教学大赛

我和学生在油菜地里上语文课

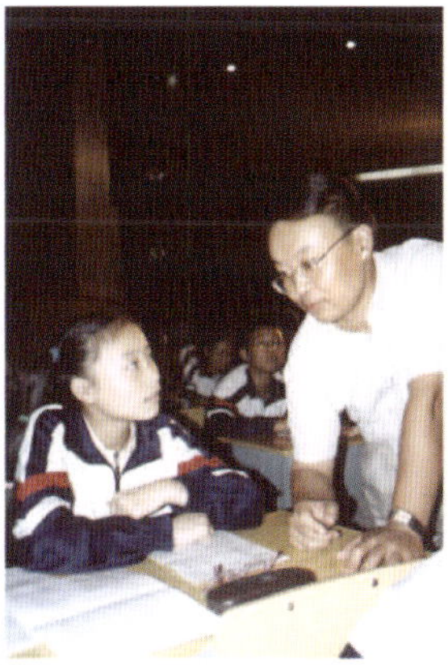

我在合肥讲学时与学生交流

在课上讲解《在烈日和暴雨下》

我在成都石室联中上课

在课上讲解毕淑敏的《提醒幸福》

我向学生解读《傅雷家书》

我的教学笔记

——李镇西30年课堂教学精华

李镇西／著

漓江出版社
·桂林·

图书在版编目（CIP）数据

我的教学笔记：李镇西30年课堂教学精华 / 李镇西著．
—桂林：漓江出版社，2012.5（2022.9重印）
ISBN 978-7-5407-5676-5

Ⅰ．①我…　Ⅱ．①李…　Ⅲ．①课堂教学—教学研究 ②中学
Ⅳ．① G632.421

中国版本图书馆CIP数据核字（2012）第065963号

我的教学笔记——李镇西30年课堂教学精华

WO DE JIAOXUE BIJI——LI ZHENXI 30 NIAN KETANG JIAOXUE JINGHUA

出 版 人　刘迪才
作　　者　李镇西
策划组稿　文龙玉
责任编辑　章勤璐
书籍设计　石绍康
责任监印　黄菲菲

出版发行　漓江出版社有限公司
社　　址　广西桂林市南环路22号
邮　　编　541002
发行电话　010-65699511　0773-2583322
传　　真　010-85891290　0773-2582200
邮购热线　0773-2582200
网　　址　www.lijiangbooks.com
微信公众号　lijiangpress

印　　制　天津嘉恒印务有限公司
开　　本　710 mm × 960 mm　1/16
印　　张　17
字　　数　200千字
版　　次　2017年7月第2版
印　　次　2022年9月第3次印刷
书　　号　ISBN 978-7-5407-5676-5
定　　价　39.80元

目 录
CONTENTS

总序

文学与教育齐飞

李镇西

那天和女儿聊天，我说：“爸爸小时候的梦想是当作家，后来当了教师，我便把文学这种业余爱好融进我的专业，于是我有了一点成功的感觉和许多职业的幸福。”的确如此，现在的我既是四川作家协会的会员，又是中学语文教师，呵呵，感觉真不错。

我曾想，如果我单纯搞写作，很难成为优秀的作家；如果我单纯搞教育，也未必成为优秀的教师。现在我当然也不能说我是“优秀的作家”或“优秀的教师”，但是，会点儿写作同时又懂点教育，我就成了作家中会教书的，也是教师中会写作的。

十五年前，我曾应某语文教学杂志之邀写过一篇文章，题目叫《把文学梦托付给教育》。其中有这样的话——

1977年恢复高考时，我在知青农场填报的志愿虽然全是“师范学院中文系”，但我看重的并非“师范”而是“中文”。从小学起便在学校大批判专栏上“发表”过大量“东风万里红旗飘”之类“诗歌”的我，自以为是“文学爱好者”，理应进“中文系”深造。但是，当时我很少会想到，那“动机不纯”的“师范”二字将决定我后来的人生走向，而“中文”则似乎永远不过是一个“文学梦”而已。1982年2月我已经分配到了中学，心里却还惦记着如何把我“创作”的一篇反映实习生活的“中篇小说”变成铅字，以期引起哪位“文坛伯乐”的注目，然后把我这颗“文学新星”调到文联或作协。但是，充满蓬勃生机的校园生活，使我身不由己地融进了学生之中，并真诚地爱上了他们。我当然仍有点不甘心放弃“文学梦”，但是，对学生的钟爱不能容忍我因对“文学”的追求而对每一堂课有哪怕是一丝一毫的敷衍塞责！更何况，在学生的身上我渐渐发现教育其实有着不亚于文学的魅力！我应该也可以把“文学”与“教育”融为一体。

是的，“教育其实有着至少不亚于文学的魅力”！

现在，我从教快三十年了，我对此依然深信不疑，而且有了更深刻的感受：岂止是“不亚于”，文学与教育简直就是相通的——

文学如教育一样，着眼于人的灵魂，追求心灵的感动与激荡；教育如文学一样，充满激情、浪漫、意趣。

文学如教育一样，力求把人引向真善美，引向伟大、深刻与崇高；教育如文学一样，震撼人心，催人泪下，荡气回肠，余韵悠长。

如玉一般的赤子之心，如水一般的纯净灵魂，如山一般的英雄梦想，如海一般的浩渺胸襟……文学都具备。

诗歌一般的激情燃烧，戏剧一般的跌宕起伏，小说一般的惊心动魄，散文一般的从容优雅……教育均拥有。

因此，从某种意义上似乎可以说，一个优秀的作家，一定能够成为一名优秀的教师；反之亦然。

我还可以非常肯定地说，作家与教师是以不同的方式表达着对生命的理解，并影响着生命的质量——

作家以自己的作品影响无数的读者，让自己的思想与情感通过文字进入读者的精神世界；教师将每一个孩子当作自己的作品，在每个孩子身上倾注热情，挥洒生命，帮助他们把人生变成一首隽永的诗或一篇厚重的小说。

纯真，激情，妙趣，敏锐，深刻，浪漫，智慧，责任……这是教育的要义，也是文学的元素。“浓妆淡抹总相宜”“道是无晴却有晴”“为有源头活水来”“润物细无声”“此时无声胜有声”……这是文学的表达，也是教育的境界。

2010年2月我在新加坡讲学，新加坡同行问我：“为什么您的教育经历中有那么多的感人故事？”我说：“任何一个教师，只要他用心做教育，他的职业生涯一定会充满许多传奇！”比如，面对一个后进生，无论多聪明的教育者，也无法预料明天他会给自己惹什么祸事。教育的悬念由此埋伏，这增加了教育的难度，同时也增加了教育的某种乐趣。我们期待着每一天的“悬念”，进而研究、解决不期而遇的“悬念”，享受解开“悬念”后的喜悦，并将一个个小事件小细节小感悟等等及时记录下来，然后又期待着下一个“悬念”……这是一个跌宕起伏，有时候甚至是惊心动魄的过程。在这过程中，我们和学生一起在创作教育故事和生命传奇。这是文学的韵味，也是教育的魅力！

我的许多著作，比如《爱心与教育》《心灵写诗》等等就是这样创作出来的。这是文学呢，还是教育？

有些东西真的是说不清楚。当我梦寐以求想当“浩然”（我少年时代唯一存在的作家，当时中国很多作家都被打倒了）时，命运让我当了教师。当我放弃当作家的念头，专心致志地上课带班时，波澜壮阔的教育生活却让我情不自禁地拿起了笔，我写下一首首献给可爱孩子们的抒情诗，写下一篇篇表达我火热情怀的散文，甚至出版了一本本记录我教育故事的著作：不仅仅是我的《爱心与教育》《做最好的老师》《走进心灵》《风中芦苇在思索》《怦然心动》《心灵写诗》等三十多本引起同行共鸣的著作，还包括没有正式出版但真实记录我和学生共同生活和青春风采的《未来》《花季》《恰同学少年》《花开的声音》……这些作品对我和我的学生而言，是一段生活的定格，一页历史的缩影，一种精神的凝固，一份情感的珍藏，一簇创新的火花，一道理想的光芒，一串记忆的珠宝，一束青春的花朵。它们既是教育的，也是文学的。

更何况，无论是作家还是教师，共同的身份为“知识分子”，共同的责任叫“使命”，共同的理想是“推动人类文明进步”。

让文学与教育携手共进，越来越成为我坚定的信念。

于是，近三十年来，我左手文学，右手教育，除此之外，再无其他！就这样，理想共初衷一色，文学与教育齐飞，青春和童心为伴，生命携使命同行。我把一部部撼人心魄的文学作品连同一位位可歌可泣的人类英雄精神巨人铸进孩子们的心灵，用文学的激情点亮教育的理想，照亮孩子们未来的公民人生；同时，我用手中的笔书写自己的校园故事，让文学丰盈我的教育岁月，更让我微弱而执着的声音通过文学汇入改革时代的轰鸣潮声。

这一套《李镇西文集》算是我教育生活的文学见证，也是我文学表达的教育结晶。作为教育著述，也许它们谈不上“深刻”，但在我心里，每一句话都如文学般纯真而洁净；作为文学作品，也许它们算不上“优美”，但在我眼里，每一个字都如教育般严肃而神圣。总之，无论是把这套著作看作“教育”还是“文学”，其中的每一页都写着两个字：真诚。巴金说：“把心掏出来。”我当然不敢和巴金相提并论，但我也的确是把心给了亲爱的读者。

我愿意重复我以前写过的两段话，作为这篇序言的结束——

我不止一次地庆幸我是一个教师，因为与青春同行使我的心永远年轻；而且我特别庆幸我是语文教师，因为这使我能用一双“文学的耳朵”随时倾听“花开的声音”，并把这种世界上最美的声音用文字表达出来。

挽留青春，珍藏童心；挥洒情感，燃烧思想；从职业到事业，从幻想到理想；手足舞蹈于校园，心灵飞翔于社会——这就是我的生活！

2011年2月17日

PART1

第一辑　我的课堂教学观

所谓“民主课堂”，就是充满民主理念的课堂，它意味着对学生能力与潜力的无限信任，意味着必须尊重学生原有的基础与个性，意味着师生是探求知识真理道路上的志同道合者，意味着还学生自主学习的权利，意味着让学生成为课堂的主人……

没有思想就没有个性

1984年——也就是我参加工作的第三年，我迷上了魏书生。那时魏书生还远远不是名人，但《语文教学通讯》一篇介绍他的小文章，就足以成为我“画瓢”的“葫芦”。于是，我语文教学的每一个环节上，都尽可能“逼真”地向他看齐：“课堂教学六步法”、画“知识树”、控制“三闲”……不能说这些方法一点效果都没有，但从总体上看，我并没有取得魏书生老师那么辉煌的成绩。当时我很苦恼，却百思不得其解。直到后来，随着教育实践的积累和教育思考的深入，我才渐渐认识到：从某种意义上说，任何教师的教育都是不可重复的，因为教育的魅力在于个性！

是的，任何一个杰出的教育专家或优秀教师，其教育模式、风格乃至具体的方法技巧都深深地打着他的个性烙印。也就是说，他们的生活阅历、智力类型、知识结构、性格气质、兴趣爱好以及所处的环境文化、所面对的学生实际等等因素，就决定了任何一个教育专家都是唯一的、不可重复的。这就是为什么不少人苦苦学习于漪、魏书生却老也成不了第二个于漪、第二个魏书生的原因，也是为什么许多优秀教师的先进经验难以大面积推广的重要原因。我这样说，当然不是反对向优秀教师学习，而是想说，向优秀教师学习主要是学习其教育思想，而不是机械地照搬其方法；而且，其先进的教育思想也必须与自己的教育实际和教育个性相结合，只有这样才能将别人的精华融进自己的血肉。因此，我非常赞同程翔老师的观点："我们必须以自身为基础来吸取消化别人的先进经验。我们学习于漪老师，并非把自己变成于漪老师；我们学习魏书生老师，也并非把自己变成魏书生老师。其实，即使你想变成于漪、魏书生也是不可能的。他们所达到的高度是属于他们自己的高峰，别人是不可企及的；你只能重新创造一座属于自己的高峰。这个高峰就是结合的产物。"（《中学语文教学》1999年第1期）

如果要比较"学术"地解释什么是"个性"，我想在众说纷纭的答案中选取这样一种比较通俗的解释："……狭义的个性通常指个人心理面貌中与共性相对的个别性，即个人独具的心理特征。"（《教育大词典》）事实上，这个解释并没有完全揭示我们平常使用这个词时约定俗成的含义。平时我们说的"个性"，更多的是指一个人在天赋、能力、兴趣、气质、行为等方面表现出来或潜在的独特性甚至独一无二性。关于个性的重要性，我曾在一次学术会议上，听顾明远先生说过这样的话："个性的核心是创造性。"虽然这话当时就引起了争议，但我想至少个性与创造性是直接相关的，压抑个性发展就会抑制创造性欲望和创造性人才的成长。因此，让教育充满个性，这应该是教育改革的方向。

所谓"让教育充满个性"，对学生而言，是指重视学生的需要、兴趣、创造和自由，尊重人的尊严、潜能与价值，反对一切非人性的教育措施，培养完美的人格，促进学生生物地、社会地、认识地、情感地、道德地及美感地全面成长，成为健全的社会公民；对教育者而言，则要求我们具备科学与民主的教育思想以及富有创造性的教育方式、方法与手段。特别要说明的是，我们这里所说的“个性教育”，不仅仅是指“因材施教”之类的教学方法，更主要的是宽容学生的“与众不同”，尊重学生的心灵自由和精神世界的独特性，同时鼓励学生思考的批判性、思维的独特性和思想的创造性。

语文教育，本来应该是最具个性的教育。因为第一，语文教育所借助的载体——文章是人类精神的结晶，通过任何一篇我们所感受到的都是一个独一无二的精神宇宙；第二，感受这些精神宇宙的心灵，就会有自己独一无二的精神宇宙；第三，担任“心灵导航”的语文教师，对语文内容的感受、领悟、解读等等，也深深打上了其精神世界独一无二的烙印。因此，有个性的语文教育应该是理所当然的，而没有个性的语文教育倒是不可思议的。但是，现在的语文恰恰成了最公式化的学科：以前的教学程序是告诉学生“时代背景”、“作者介绍”、“段落大意”等等，现在的教学技巧是教会学生选择A、B、C、D。这当然不能一味指责教师“素质低”——在教材统一、教参统一、备课统一、练习统一、考试统一的背景下，教师本身的个性空间都受到严重的挤压，谈何发展学生的个性？

只有个性才能发展个性，没有教师的个性便谈不上学生的个性，这几乎是不需要论证的真理。然而目前，语文教育特点对教师个性的呼唤与语文教学现状对教师个性的压抑却形成尖锐的矛盾。怎么办呢？无非是在两个方面双管齐下：一方面是寄希望于整个国家语文教育改革的深入，为语文教学开拓越来越广阔的个性天地；另一方面是语文教师自己努力提高自身的素质，在与应试教育的“周旋”（“周旋”就包括了应对与超越）中形成自己的教育个性。对于前者，随着基础教育课程改革的启动和语文新课程标准的实施，我们可以依稀看到一些希望；对于后者，当然很难，但只要努力，也绝非达不到。就如前面提到的魏书生老师，不就是在应试教育的荆棘丛中走出了一条属于自己个性的路子吗?

语文教育的个性，当然是通过阅读教学、作文教学等具体的教学过程乃至教学技巧体现出来，但从根本上说，教学个性绝不仅仅指某一项教学技艺的别出心裁，而是指一位教师整个的教学风格：同是老一辈的特级教师，于漪和宁鸿彬的风格不一样；同样是年轻的特级教师，程红兵和黄厚江的风格不一样；同样是上海的老一辈特级教师，陈钟梁和钱梦龙的风格不一样；同样崛起于山东的年轻特级教师，程翔和韩军的风格不一样……既然“一千个读者就有一千个哈姆雷特”，那么一千个教师完全应该有一千种风格。这富有个性的风格的形成，需要我们在多方面进行努力，比如实践积累，比如博览群书，比如善于采名家之长，等等。但其中最关键的一点，是善于思考，要有思想。

风格的背后是思想。一提起真正的大家名家，我首先想到的不是他们哪一堂课，而是他们所提出的教育（教学）思想或观点——于漪的“人文教育观”，钱梦龙的“主体·主导·主线”，张孝纯的“大语文教育”，魏书生的“民主加科学”，程红兵的“语文人格教育”……也许他们的这些思想观点至今仍有争议，但这不妨碍我把他们的个性首先看成是思想的个性。思想源于思考。同样是教了10年书，有的老师可能相当于只教了一年，因为他不断地重复自己，只有实践而没有思考；而有的老师则真是教了10年，因为他在不断思考中，每一年乃至每一天都不简单重复走过的路。思考，积累成思想；而思想，形成教育者的教学个性。

我始终认为，作为“知识分子”的教师应该是一个思想触觉十分灵敏的人；追求真理，崇尚科学，独立思考，应该是每一个教育者坚定的人生信念。作为思想者的教师，在踏踏实实地做好每一件具体教育工作的同时，我们还应该让思考的火炬照亮我们实践的每一个环节：备课的时候，能不能先抛开教参用自己的心灵直接与作者对话？阅读教学的课堂上，能不能在讲清楚“考试重点”之后，也让学生谈谈自己独到的见解？作文教学，能不能在作文的命题和批改等方面除了研究高考作文动态，也多琢磨学生的写作心理？面对无法避开的题海，能不能动一番脑筋进行筛选和提炼？每上完一堂课，能不能通过写教学手记对其得失进行一下反思？面对每一个学生，能不能在关注他们表面上的学习态度、学习方法和学习成绩的同时，更研究一下他们的心灵？此外，我们在认真上好每一堂课的同时，能不能关注一下语文界、教育界、整个社会乃至天下的风云变幻？我们在尊重并继承古今中外一切优秀教育理论与传统的同时，能不能以追求科学、坚持真理的胆识，辨析其中可能存在的错误之处？甚至对一些似乎已有定论的教育结论，我们能不能根据新的实际情况、新的理论予以重新的认识与研究？……

我现在仍然学习魏书生，当然，同时还学老一辈的于漪、钱梦龙，学同龄人程红兵、高万祥，学比我年轻的许多后起之秀，但我不会再把他们的具体做法当成“葫芦”来“画瓢”了，而是通过他们的教学方法而感受他们的灵魂，从他们的思想中采汲取料滋润我的思想，以形成我的教育个性。因为我越来越感觉到：教育个性当然不仅仅体现于思想，但没有思想绝对就没有个性。

我对“民主课堂”的理解

我一向不赞同给教育贴标签，包括给课堂贴标签。但是，为了表述方便简洁，这里把体现民主教育理念的课堂，临时称作“民主课堂”。

我知道，“民主”是一个很时髦的话题，“民主”的概念甚至已经泛滥成灾，而且“民主”这个词的含义太丰富也太模糊了。所以，要谈论这个话题，首先要明确，我是在什么意义上使用“民主”这个概念的。

说到“民主”，我们都知道这首先是一种政治制度，通俗地说，是一种管理国家的方式。作为一种政治制度（或者说政府形式），民主的核心程序是通过人民的选举（直接选举或间接选举）产生领导人；同时，人民能够通过一定的法律程序参与国家的决策。而这正是民主制度与专制制度的根本对立之处。

但“民主”的含义，显然还不止于此。从不同的角度，人们还可以对民主内涵有多种理解。比如，民主又是一种机制，这意味着权力的互相制约；民主又是一种原则，所谓“少数服从多数”；另外，民主还被理解为一种工作作风，其表现是“让群众说话”“广泛听取不同意见”，等等。

更重要的是，民主也是一种生活方式。我认为，这是对民主更为深刻的理解。将民主看作一种个人的生活方式，即认为民主不只是一种形式或者说外在的东西，而是一种内在的修养。这种内在的修养体现于日常生活和与人交往的过程中：相信人性的潜能；相信每个人不分种族、肤色、性别、家庭背景、经济水平，其天性中都蕴含着发展的无限可能性；相信日常生活与工作中，人与人之间是能够和睦相处，能够真诚合作的。

我越来越确信，民主的实质是对人的尊重。对此，阿克顿说得非常简明：民主的实质，就是“像尊重自己的权利一样尊重他人的权利”（见阿克顿《自由与权力》第373页，商务印书馆2001年版）。爱因斯坦如是说：“我的政治理想是民主。让每一个人都作为个人而受到尊重，而不让任何人成为崇拜的偶像。”（见《爱因斯坦语录》第119页，杭州出版社2001年6月第1版）。这里，爱因斯坦将民主与平等联系在了一起。

民主的生活方式，意味着自由、平等、多元、宽容、妥协、协商、和平等观念浸透于社会的每一个角落，体现于生活的每一个细节。

民主的生活方式，还意味着“尊重”与“遵守”：对每一个人的尊重，并彼此尊重；对经由大多数人认同的制度、规则、纪律的遵守，对公共秩序和公共规则的遵守。尊重，是指对精神而言，尊重每一个人的人格尊严、思想自由、精神个性、参与欲望、创造能力等等。遵守，是指对行为而言，大到一个社会，小到一个团队，规则是和谐有序的保证，某些时候克服个人的欲望而服从大家都必须遵守的规则，正体现了民主社会的重要特征之一。随心所欲，为所欲为，自我中心，不是民主。

需要指出的是，作为生活方式的民主和作为政治制度的民主不是割裂的，更不是对立的，而是互为因果、相辅相成的。民主的政治制度需要社会土壤，这“土壤”便是民主的生活方式；同样，民主的生活方式需要制度保障，这个保障制度便是民主的政治制度。

民主的政治制度与民主的生活方式之间的关系，实质上是政治体制与国民素质的关系，所谓“有几流的人民就有几流的政府”。没有民主的道德基础，所谓民主制度不过是空中楼阁而已。

我所说的包括“民主课堂”在内的“民主教育”，是在生活方式这个意义上使用“民主”这个概念的。也正是在这个意义上，我认为，民主教育的使命，就是培养具有民主生活方式的公民。

但是，这里的所谓“培养具有民主生活方式的公民”绝不能仅仅是一句动听且鼓舞人心的口号，而必须落实于教育行动。换句话说，民主教育的理念必须要有明确的载体。

这个载体，可以是学校的各种德育途径和形式，但我更看重课堂教学。不是说德育途径不重要，而是因为一个简单的道理：师生在学校度过的最多的时间是在课堂，如果离开了这个主阵地，单纯通过主题班会等德育形式对学生进行民主品质和民主能力的培养，是难以奏效的。

说到课堂，我还想谈谈对课堂功能的理解。过去我们很多人往往把课堂功能仅仅理解为传授知识，后来又增加了培养能力、发展智力。这样的理解始终没有把课堂和学生的精神成长相联系。我认为，课堂教学既应该传授知识培养能力发展智力，更应该将人类文明的精神成果注入孩子们需要滋养的心灵：善良、正义、忠诚、气节、民主、自由、平等、博爱、宽容、人权、公正……特别需要指出的是，我这里所说的“注入”绝不是脱离教学内容进行生拉活扯的强加或牵强附会的联系，而应该自然而然地融汇在教学过程中。

那么，我所说的“民主课堂”应该“自然而然地融汇”哪些民主精神呢？

1. 充满爱心

我始终认为，在民主教育的大旗上，有一个大写的“人”字：它是目中有“人”的教育！因此，所谓“充满爱心的教育”就是把学生当人的教育，就是充满人性尊重和人文关怀的教育。

甚至从某种意义上我们可以说，民主教育就是爱的教育。一个真正的教育者必定是以人为本的信奉者和实践者。他有温馨的爱心和晶莹的童心。只有童心能够唤醒爱心，只有爱心能够滋润童心。离开了情感，一切教育都无从谈起。

充满爱心的课堂，要求教师在教学过程中，对每一个学生而不仅仅是少数“优生”都投以关注与尊重的目光，同时教师以自己的爱心去感染学生，让孩子之间也彼此尊重与善待。

充满爱心的民主教育，就是充满人性、人情和人道的教育。

2. 尊重个性

这里的“个性”，与“共性”相对，指的是一个人在天赋、智慧、能力、兴趣、气质、行为等方面表现出来或潜在的独特性，甚至是独一无二性。当然，个性本身在价值上是中性的，因此“尊重”在这里不是迁就，而是在理解的基础上，尽可能根据学生的个性予以因势利导，从而让每一个学生都成为最好的自己！

尊重个性就是尊重差异，这就要求教育者在教学内容的组织、选择和教学方法的使用等等方面，都必须考虑学生个性的独特性、差异性。尊重学生的个性，还意味着不用升学与否这一把尺子来衡量学生是否成才，而是尊重不同个性学生未来的不同发展，坚信每一个学生都会在今后的社会生活中找到自己的位置。

尊重个性的民主教育，特别体现于对待长期以来被传统教育忽视或冷落的“后进生”的态度上。这就意味着教师需要对“困难学生”倾注更多的爱心、耐心和信心。如果我们的课堂只着眼于“尖子生”，而冷落甚至无视那些所谓“差生”，如此“教育”没有半点民主可言！

相反，具有民主精神的教师，会对“困难学生”倾注更多的爱心、耐心和信心。由于智力状况、学习基础、家庭教养、个性特征等等因素的差异，学生发展很难绝对均衡同步，往往总有部分学生暂时滞后或掉队。具有民主情怀的教师，就应该通过教学设计，让他们找到能够体现自己个性尊严的角色，并自由舒展其澄明自然的心灵空间。在民主教育的课堂上，每一粒种子都能破土发芽，每一株幼苗都能茁壮成长，每一朵鲜花都能自由开放，每一个果实都能散发芬芳！

3. 追求自由

民主教育首先是充满自由精神的教育，这种自由精神尤其应该体现于对学生心灵自由的尊重。

尊重学生心灵的自由，教师自己就必须是一个心灵自由的人。教师应拥有一种追求真理、崇尚科学、独立思考的人文精神，并以此去感染学生。我们实在无法设想：一个迷信教材、迷信教参、迷信高考题的教师会培养出富有创造精神的一代新人。

尊重学生心灵的自由，就要帮助学生破除迷信。这里所说的“迷信”主要是指学生长期以来形成的对教师的迷信、对名家的迷信、对权威的迷信和对“多数人”的迷信。我们应该明确告诉学生：世界上不存在万能的圣人；老师也好，名家也好，权威也好，都不可能句句是真理；我们所学的课文，即使是千古名篇，也不可能绝对完美无瑕；虚心听取别人的意见是应该的，但这些意见只能供我们独立思考时参考，而对某个问题的认识，对某篇文章的看法，我们只能忠实于自己的心灵，不能盲目从众，绝不能用别人的思想代替自己的思想。

尊重学生心灵的自由，就要让学生在课堂上畅所欲言。教师应该让学生在课堂上自由驰骋其思想骏马：面对教材，面对知识，教师和学生之间、学生和学生之间应该平等对话；在平等的基础上，交流各自的理解甚至展开思想碰撞。教师当然应该有自己的见解，但这种见解只能是一家之言，而不能成为强加给学生强加给作品的绝对真理。

尊重学生心灵的自由，就是尊重学生思想的自由，感情的自由，创造的自由。自由精神当然不是民主教育所独有的内核，而且也不是民主教育的全部内容，但是没有自由精神的民主教育，便不是真正的民主教育。

4. 体现平等

民主教育要求每一位教育者重新审视师生关系。教师的职责无疑是“传道授业解惑”，但这并不意味着教师在知识的任何方面都超过了学生，教师更不应因此而以真理的垄断者自居。尊重学生，就包括尊重学生的思考，真正优秀的教师应该是学生的引路人，也是和学生一起追求新知、探求真理的志同道合者。合作学习的态度，就是平等精神在民主教育中的体现。

与学生同志式地探求真理，就应该尊重学生发表不同看法的权利，并且提倡学生与教师开展观点争鸣。学生的认识也许比较肤浅，他们的看法也许比较片面甚至有错误之处，但在发表自己观点的权利上，和教师是平等的。教师绝对不能因为学生的“幼稚”而剥夺学生思想的权利。

平等，还不仅仅是人与人之间尊严的平等，更重要的是人与人之间权利的平等，特别是学生受教育的权利的平等。学生是否能真正享受平等的受教育权利，在很大程度上还取决于教师是否能真正平等地尊重每一个学生：教学活动，是让少数“精英学生”独领风骚呢，还是让所有学生都参与？上公开课，只是让个别“尖子生”举手问答以显示教学效果呢，还是让每一个学生都积极参与讨论以展示所有学生的真实思维状况？毕业复习期间，是只重点抓部分升学有望的学生呢，还是面向所有不同学习层次的学生……如此等等，都体现出教育者是否真正平等地尊重学生的权利。

教师不但自己应该对每位同学一视同仁，而且还应该在教学中营造一种同学之间也互相尊重、真诚友好、平等相处的氛围。让学生在这平等的氛围中感受平等，并学会平等。

5. 重视法治

尽管“法治”是一种治理国家的方式，但其精神实质无非是依靠体现公共意志的规则（法律）来实施管理，而且所有人都必须遵守统一的规则。正是在这一精神实质上，民主教育与法治精神得以沟通——民主精神同时也就是法治精神。

让学生依据共同制订的规则参与教学管理，是民主教育中法治精神的突出体现。学生作为学习的主人，其主体性不仅仅体现在主动学习和积极思考方面，也体现在参与教学的管理方面。既然尊重学生，而且承认教师的所有工作从根本上说都应服务于学生，那么，学生对教学更应该有建议、评价与监督的权利。教师没有理由不尊重学生的这个权利。对真正的民主教育来说，教育者与被教育者的互相监督是理所当然的。当然，长期以来，教师对学生的建议、评价和监督已经成为理所当然，无需强调；而学生对老师的建议、评价和监督则至今没有引起重视，因此，我们现在更看重后者。

6. 倡导宽容

离开了宽容谈民主教育是不可思议的。民主本身就意味着宽容：宽容他人的个性，宽容他人的歧见，宽容他人的错误，宽容他人的与众不同……作为教师，当然承担着教育的使命，对学生不成熟的乃至错误的思想认识负有引导的责任。但是第一，学生的不成熟乃至错误是一种成长现象，其中往往包含着求新求异的可贵因素，如果一味扼杀便很可能掐断了创造的萌芽。第二，宽容学生的不成熟和错误，意味着一种教育者的真诚信任和热情期待：相信学生会在继续成长的过程中自己超越自己，走向成熟。第三，教师的引导，前提是尊重学生思想的权利，然后通过与学生平等对话（而不是居高临下的训斥），以富有真理性的思想（而不是所谓的“教师权威”）去影响（而不是强制）学生的心灵。

教师的宽容，说到底仍然是尊重学生思考的权利，并给学生提供一个个发表独立见解的机会。不要怕学生说错，不跌跟头的人永远长不大，所谓“拒绝错误就是毁灭进步”，正是这个意思。课堂应该成为学生思考的王国，而不只是教师思想的橱窗。如果不许学生说错，无异于剥夺了他们思考的权利。在充满宽容的课堂上，不应只有教师的声音，教师更不应该以自己的观点定于一尊，而应允许学生有不同的看法，在教学的过程中引导学生独立思考，提倡学生展开思想碰撞，鼓励学生发表富有创造性的观点或看法。努力使整个教学课堂具有一种开放性的学术氛围，让不同层次的学生既有共同的提高也有不同的收获。

当然，宽容不仅仅是教师对学生的宽容，也包括学生对老师的宽容，更包括学生之间的宽容。独立思考绝不是唯我独尊，更不是拒绝倾听他人意见；相反，在对话探究的过程中能具备海纳百川的胸襟是一种极可贵的民主品质。教师应善于在教学过程中以自己的宽容向学生示范，在鼓励每一个学生珍视表达自己见解的权利的同时，也尊重别人发表不同看法的权利——既勇于表达又善于倾听，既当仁不让又虚怀若谷。

7. 讲究妥协

在现代生活中，善于妥协是一种明智，一种美德，也是一种与人合作的前提。能够妥协，意味着对对方利益的尊重，意味着将对方的利益看得和自身利益同样重要，更意味着尊重他人的精神世界。平时我们所说的“取长补短”“求同存异”都含有妥协的意思。

在民主教育过程中，如果说“宽容”是善待他人的不同观点，那么“妥协”则是对话双方都勇敢地接纳对方观点中的合理因素，彼此相长，共同提高。妥协也不是简单地向对方“认输”，而是服从真理以完善自己的认识。对教师来说，这本身也是对学生的一种民主精神示范。

妥协的前提仍然是平等。教师要乐于以朋友的身份在课堂上和学生开展同志式的平等讨论或争论，并在这过程中主动吸取学生的合理见解。其实，更多的时候，所谓“妥协”并不是绝对的“甲错乙对”，因而甲方在思想上向乙方“投降”，其实是“双赢”，即在讨论争辩中，双方都不断吸收对方观点的合理因素进而使双方的认识更接近真理。当然，也有这种情况，面对学生正确的批评，明明错了的教师更应该承认错误接受批评，并尽可能改正错误。

妥协，常常还体现在师生之间的“遇事多商量”：大到制订的教学计划是否可行，小到每天布置的作业是否适量，以及教学内容的选择、教学进度的调整、教学形式的改革等等，尽管教师起着主导的作用，但学生的参与也是必不可少的。还需要指出的是，我们提倡的妥协不仅仅是教师向学生妥协，也包括教会学生学会妥协。在班级生活中，同学之间、班干部之间、班干部与普通同学之间、班与班之间……在处理日常事务时，都免不了会有意见不同的时候，这时教师就应该引导学生学会倾听与吸纳，多站在对方的角度考虑问题，切忌狂妄自大、唯我独尊，让学生在妥协中学会与人共事，会学真正的民主生活方式。

8. 激发创造

民主是对人的本质的解放，而人的本质在于创造。发展学生的创造精神，是民主教育的使命。——注意，我这里说的是“发展”而不是“培养”。所谓“激发创造”，在我看来，不是对学生进行“从零开始”的所谓“培养”，而是“发展”他们与生俱来的创造性，首先是要点燃学生熊熊燃烧的思想火炬，让学生拥有自由飞翔的心灵。我坚信，每一位学生都有着潜在的创造能力；所以，教师要做的，是提供机会让学生心灵的泉水无拘无束地奔涌，说通俗一点，就是要让学生“敢想”。创造，意味着思想解放。而学生一旦获得了思想解放，他们所迸发出来的创造力往往远远超出我们的意料。

学生创造性思维的产生，有赖于教师创设一个宽松和谐的教学气氛。我们应使每个学生都具有心理上的安全感，从而在没有外界压力的气氛中充分展开认识活动，所以说，师生之间互相尊重、互相信任、互相学习的平等和谐关系，是发展学生创造性思维的重要前提。然而，恰恰是在这一点上，我们过去的教育却有意无意地剥夺了学生的精神自由：毋庸讳言，由于种种原因，中国封建文化的残余至今还阻碍着我们的教育走向民主与科学。在师生关系上，一些善良的教师往往不知不觉甚至是“好心”地损害着学生的尊严和感情；在某些课堂上，不但没有师生平等交流、共同研讨的民主气氛，反而存在着唯师是从的思想专制——学生的心灵已被牢牢地套上了沉重的精神枷锁，哪有半点创造的精神空间可言？

我认为，民主教育首先是目中有“人”的教育。真正的教育者理应把学生看作有灵性的活生生的人，而不是教师见解的复述者，更不能成为教师完成课堂教学任务的道具！我们不应把学生的大脑当成一个个被动接受知识灌输的空荡荡的容器，而应看作是一支支等待我们去点燃的火炬，它们一旦被点燃必将闪烁着智慧的火花、创新的光芒。因此，发展学生的创造力，与其说是手把手地教学生怎样去做，不如说是给学生提供一个个发表独立见解的机会，让他们的精神自由地飞翔。

上面我谈了民主教育的八个特点，当这些特点体现于教学过程之中时，我们把这样的课堂称作“民主课堂”。所谓“民主课堂”，通俗地说，就是充满民主教育理念的课堂，它意味着教师对学生能力与潜力的无限信任，意味着教师必须尊重学生原有的基础与个性，意味着师生是探求知识真理道路上的志同道合者，意味着还学生自主学习的权利，意味着让学生成为课堂的主人……“民主课堂”是建立在师生人格平等基础上的课堂，是以师生积极交流对话生成为主的课堂，是学生真正成为学习主人的课堂，是充满生命幸福与人性光芒的课堂！

“民主课堂”的核心理念：“让学生成为课堂的主人！”这是“以人为本”的教育理念在课堂上的真正体现。让学生成为课堂的主人，就必须变革课堂师生关系，把教师“教”的过程变为学生“学”的过程，让教师的“教”服务于甚至服从于学生的“学”。

“民主课堂”的基本操作模式：“导学稿”加“小组合作”。“导学稿”是学生学习的“路线图”，是“民主课堂”实施的有效载体，或者通俗地说，是帮助学生如何学习的“指南”。“小组合作”是学生学习的形式，是“民主课堂”实施的有效方式，是学生依据“导学稿”所采取的行动。

以上是我对民主课堂的理解和解说，也表达了我校目前课堂改革的追求。注意，这里说的是“目前课堂改革的追求”，而不是“目前课堂改革的现状”。之所以要强调是“追求”，是因为这些民主课堂的特征或者说课堂改革要求，目前来看，有点理想化，远没有成为我校每堂课的常态。或者说，我所提出的民主教育的八个特征，是我们课堂改革的蓝图。但是，毫无疑问，我和我的同事们正在依据这蓝图“施工”，我们正坚韧地向这理想迈进。

最后，我还想就我们微观的课堂改革与宏观的社会进步之间的关系谈几句。世界的民主潮流越来越势不可挡，这是客观事实。作为社会主义中国，我们正在将民主的基本理念与我国的具体国情相结合，建设具有中国特色的社会主义民主政治。这也是客观事实。改革开放三十年来，中国的巨大进步，既体现于经济实力的迅猛增长，也体现于精神文明的日益提升，其中最突出的表现就是国人公民意识的觉醒。中共中央早就宣告：“发展社会主义民主政治，建设社会主义政治文明，是全面建设小康社会的重要目标。”建立小康社会的标准之一，是“民主更加健全”。我这里所说的“民主教育”的使命，正是为即将到来的“民主更加健全”的社会培养民主主体——具有民主精神的现代公民。因此，经济的发展，社会的开放，思想的解放，时代的呼唤，世界的挑战……使中国的社会主义民主政治呼之欲出，也使中国的社会主义民主教育应运而生。而这里的民主教育必须落在课堂——给课堂注入更多的民主精神，让课堂不但成为传播知识培养能力的空间，也成为造就公民的摇篮。

理想的教育应该成为充满民主气息的教育，成为对学生进行民主精神培养的教育，成为为民主社会培养公民的教育。从这个意义上说，民主的确是教育进程的必然。

思想创新与语文教育

当人类第一次用一块石头去打造另外一块石头时，这就标志着人将自己同一般的动物区别开来了。这个创新当然是原始的，但它昭示了人的本质。

今天我们提创新，的确是时代发展的必然。在农业经济时期，生产的资料是土地，知识形态是经验，生产力是人力、畜力和直接的自然力。在工业经济时期，生产的资料是大厂矿及其机器系统，知识形态是技术，生产力是通过转化的自然能量（比如蒸汽机）。而知识经济区别于农业经济和工业经济最重要的一点，在于知识在生产过程、经济运行中所占的比重、含量的大大增加（不只是量的增加，更是质的增加），这些“知识”不但起主导作用，而且是经济增长的源泉。因为知识具有共享性，传播速度很快，所以知识创新的周期非常短，因而知识必须不断创新。与传统的创新不同，知识经济时代的创新，是主动的、自觉的。

然而，现在人们提到“创新”，往往只是想到技术创新，具体到教育上，更多的是技巧创新。比如“一题多解”呀，作文的“构思新颖”呀，或者是小发明、小制作等等。技术（包括技巧）的创新当然是需要的，但比技术创新更重要的，是思想创新。

一说到“思想创新”，有人便认为是“异端”，是脱离了马克思主义的“思想轨道”。然而纵观整个马克思主义的发展史，它恰恰是一部思想创新史。马克思主义的标志是《资本论》；列宁主义的标志是《帝国主义论》；列宁对马克思主义的创新是，马克思认为社会主义革命不能首先在一国成功，而列宁则提出了社会主义革命只能首先在一国成功并实践证明了这一点。毛泽东对列宁主义的发展是提出革命可以通过农村包围城市的方式取得成功。邓小平的贡献在于社会主义可以搞市场经济……我们看，这不都是思想创新吗？从人类历史长河看，思想创新显然比技术创新更重要，因为它是宏观的，是影响整个社会发展的。比如，《新青年》所发起的新文化运动，不仅点燃了五四运动的思想火炬，而且为中国共产党的诞生提供了思想资源，并因此也孕育了几十年后的中华人民共和国。又如，关于真理标准的讨论，我们无法说它产生了多少“当量”，但它却开启了整个改革开放的伟大时代，奏响了中国走向现代化的进行曲。

如果我们承认思想创新的如此巨大意义，那么，我们不妨再继续追问：思想创新的权利只是少数巨人独有呢，还是每一个普通人都应该享有？从理论上讲，思想创新的权利当然是人人拥有。但是，在两千多年的封建统治中，“思想”是统治者的专利；即使到了新中国成立后，由于封建残余的惯性和极“左”路线的肆虐，一般老百姓是没有思考的权利的，更别说思想创新的权利了。无论是马寅初、顾准，还是遇罗克、张志新，他们因独立思考而付出的代价已经说明了这一点。而千千万万的普通人逐渐丧失了思想，甚至彻底放弃了思考、创新的权利，这正是平庸、落后的根本原因。

从这个意义上看，江泽民同志所说的“创新是一个民族进步的灵魂，是国家兴旺发达的不竭的动力”实在是至理名言。

我从来认为，真正的教师同时又是真正的知识分子，语文教师当然也应该具备现代知识分子所拥有的天然的使命感和批判精神。因此，语文教育应该成为思想创新的启蒙教育，这是理所应当的。那么，如何对学生进行创新教育？我认为，首先是教师本人要有思想创新的意识、能力和胆略。其中最关键的是要有独立思考的勇气。如果习惯于在权威面前关闭自己思考的大脑，就谈不上任何创新。即使是对公认的大师级的语文教育家，我们都不能搞“两个凡是”。这里我斗胆以我十分尊敬的“三老”为例。“三老”的思想无疑是当代语文教育界的理论高峰，他们的许多精辟的思想至今仍是我们语文教改的理论养料；但人的生命之有限，而时代发展却无穷，在绝对真理的长河中，任何人都只能拥有相对真理。如果语文教师在实践过程中，只会言必称“三老”，甚至以“三老”只言片语之“履”来削当今语文教育实际之“足”，这只能窒息语文教育事业的发展。须知我们尊敬的“三老”之所以能够称为“高峰”，恰恰就在于他们的思想不断随着时代的发展而创新。不能苛求每一位教师都是思想家，但每一位语文教师至少应该是一个独立思考者，并珍视自己的思想创新的权利，否则，让一个没有思想创新意识和能力的人去搞语文创新教育，岂非缘木求鱼？

其次，语文教师要尊重学生思想创新的权利。不客气地讲，在相当长的一段时期里，语文教育（当然，不仅仅是语文教育）的过程，就是不断扼杀学生思想创新意识的过程。久而久之，学生的思想也麻木了，他们除了迷信教师、迷信书本之外，已经意识不到自己也有思考的权利。共和国成立这么多年来之所以没有诞生过诺贝尔奖获得者，这至少是其中一个重要的原因。现在，一些教师开始重视对学生进行创新教育，但说来说去，还只是停留在“技巧”（包括思维技巧）上。必须声明，我一点也不反对“技巧”的培养乃至训练，因为所谓“观念”、“意识”都不应该是空洞的，而必须通过操作来体现。问题是，在进行技巧训练的同时，不要忘了创新教育中更重要的一点，那就是开启学生思想的闸门，让他们的心灵获得自由。比如在阅读教学中，与其煞费苦心地“引导”学生找这个“关键词”寻那个“关键句”，不如让学生畅谈已见；宁肯让阅读课成为学生精神交流的论坛，也不要让它成为教师传授阅读心得的讲座。又如作文教学，与其“训练”学生如何在“怎样写”上下功夫，不如放开让学生在“写什么”上多动脑筋。总之，衡量一堂语文课成功的标志，不在于学生与教师有多少“一致”，而是看学生与教师、学生与学生之间有多少“不一致”。从某种意义说，宽容学生的“异端”，就是对学生创造精神和创新权利的尊重。

中国所有教师的思想创新和学生的思想创新，是让社会主义现代化中国真正跻身世界强盛民族之林的希望所在。

共享：课堂师生关系新境界

一

如果把课堂教学内容比作食物，那么，课堂师生关系经历了三种模式——

第一种是“填鸭式”。教师觉得食物对学生来说非常有营养，于是，便不择手段地满堂灌，唯恐学生吃不饱，而全然不顾学生是否有食欲，也不管学生是否消化不良；当然，也有“高明”的教师，他会将食物先咀嚼得很细碎，然后一点一点地喂学生。——应该说，这种“填鸭式”现在基本上没有了市场。

第二种是“诱导式”。教师不是直接将食物灌输给学生，而是把食物摆在学生面前，然后以各种美妙的言语让学生明白眼前的食物是多么富有营养同时又是多么可口，以打动学生的心，激发其食欲，使他们垂涎三尺，最后争先恐后地自己动手来取食物，再狼吞虎咽地吃下去。——这种“诱导式”在教学上也叫“启发式”，比起“填鸭式”无疑是了不起的进步，因而在目前的课堂教学中方兴未艾。

第三种是“共享式”。面对美味食物，师生共同进餐，一道品尝；而且一边吃一边聊各自的感受，共同分享大快朵颐的乐趣。在共享的过程中，教师当然会以自己的行为感染带动学生，但更多的是和学生平等地享用同时又平等地交流：他不强迫学生和自己保持同一口味，允许学生对各种佳肴做出自己的评价。在愉快地共享中，师生都得到满足，都获得营养。——这种“共享式”现在还不普遍，但已经开始出现。

任何比喻都是蹩脚的，何况课堂教学毕竟不是餐厅吃饭。但以上三种进餐方式，分别形象地代表了课堂教学中三种师生关系模式：教师绝对权威而学生绝对服从；教师在行动上似乎并不专制但思想上却分明是学生的主宰；师生平等和谐，教师在保持其教育责任的同时又尊重学生，和学生一起进步。

毫无疑问，今天我们提倡并需要的课堂师生关系，正是第三种——“共享”。

二

“共享”的过程就是“对话”的过程。

表面上看，师生关系仅仅是一个情感问题，其实不然。透过不同的师生关系模式，我们可以看到不同的教育观——我这里所说的教育观特指对教育属性的认识：教育是属于科学还是人文？如果我们将教育实践视为纯粹的科学研究（自然科学或者社会科学），那么，科学研究所要求研究者具备的客观、冷静以及与研究对象保持一种严格的主客观界限，都会使我们自觉不自觉地把教育对象（即学生）当作物而非人。在这种情况下，师生关系自然不会是人与人的关系，而是人与物的关系。当然，教育（无论是实践还是理论）都不可能没有科学的因素——不只自然科学和社会科学的知识是教育的重要内容，而且科学研究的方法也是教育所不能不借鉴的。但是，教育首先是属于人文的，而非科学。在一般的科学研究中，科学家所面对的是客观现象（包括社会科学研究所面临的社会现象也是客观的），因此，科学家在研究中与研究对象是分离的——这是严谨的科学研究所必需的。而教育则不然，苏霍姆林斯基说："教育——这首先是人学。"（《把整个心灵献给孩子》）陶行知说："真教育是心心相印的活动。"（《陶行知教育文选》）这就决定了在理想的教育中，教育者必须融进教育对象之中，避免师生在精神上的分离。换句话说，师生交往的本质就是教师的人格精神与学生的人格精神在教育情景中的相遇。

基于以上认识，我认为，在课堂教学中，我们当然可以把教师角色定为导游、主持人以及导演、舵手等等；但更重要的是，不管什么角色，教师都应该在课堂中营造一种"对话情境"。这里所说的"对话"，不仅仅是指教师和学生通过语言进行的讨论或争鸣，而主要是指师生之间平等的心灵沟通。这种"对话"，要求师生的心灵彼此敞开，并随时接纳对方的心灵。因此这种双方的"对话"同时也是一种双方的"倾听"，是双方共同在场、互相吸引、互相包容、共同参与以至共同分享的关系。"师生之间的这种相互作用或对话的交互性，说明二者的关系是一种互主体性关系，这不仅是指二者只是两个主体在对话中的互相作用，而且指二者形成了互主体性关系即主体间性，这样相对于对方，谁也不是主体，谁也不是对象，谁也不能控制谁操纵谁，或者强行把意志意见强加于另一方。"（金生鈜：《理解与教育——走向哲学解释学的教育哲学导论》）

而且，针对过去教学中的"教师中心"倾向，我们更强调对话情境中教师的"倾听"。毫无疑问，教师不但承担着教育的责任（我们并不因为"对话"而在思想上削弱这种责任感），而且无论专业知识还是社会阅历都在学生之上，但作为一个真实的活生生的人，作为一个和学生同样有着求知欲的成年学习者，教师同时也是学生年长的伙伴和真诚的朋友；在倾听学生言说的过程中，学生的见解和来自学生的生活经验直接或间接地作为个人独特的精神展示在教师面前，这对教师来说，同样是一份独特而宝贵的精神收获。如果说，在过去教师为中心的师生关系中，教师和学生相对于对方都是一种“它”者，双方的关系是一种“我—它”关系的话；那么，在对话情境中，师生之间是一种“我—你”关系。在这种关系中的课堂教学过程，对师生双方来说，都是一种“共享”。师生之间人格的相遇、精神的交往、心灵的理解，便创造了也分享了真正的教育。这种教育，同时也是师生双方的生活，是他们成长的历程乃至生命的流程。

三

在“对话”与“共享”的课堂氛围中，学生既是学习者又是建构者。

作为学习者，学生的任务当然是获取知识、形成能力并获得健康的人格，正是在这个意义上，我们说学生是“教育的对象”。甚至如果在理论上静态地孤立地考察作为教育对象的学生，我们把学生视为教育客体，也是没有错的。

问题在于，从来就没有“静态”的教学过程。一旦进入实践层面，无论作为学生还是教师，都处于教学过程的“动态”之中。而学生只要进入教学实践，他们就绝对不是嗷嗷待哺的被动客体，而同样是积极参与的主体——是“建构”的主体。

这里不得不谈到正风行于中国基础教育界的建构主义理论。建构主义有许多不同的派别，但不同的建构主义者却仍然有着这样一些共同点：首先，他们都认为知识不是被动接受的，而是学习者积极建构的。其次，他们都认为学习是学习者个体主动建构知识的行为。再次，他们都重视学习者先前所建构的知识和经验，并将学习者已有的知识作为新知识的生长点。最后，他们在强调学习者的自我发展的同时，并不排斥外部的引导，只是反对简单的、直接的知识传递。

至少这几个共同点是有助于我们重新思考学生在教学过程中的位置的。

作为学习者，学生在学习内容、学习方法等方面接受教师的指导；作为建构者，每一个学生在学习过程中都依据自己不同的知识储备和生活经验，对所学的内容进行选择、评价、重组和整合，进而把知识变成真正属于自己的一种能力乃至一种信念。在这过程中，学生主动地就知识质疑、对教师发问、向权威挑战……都是理所当然的。在这里，至关重要的，是教师应鼓励并尊重学生独立思考的权利。这符合学生求知心理，并能尊重其个性，因而可以有效地把学生推到主动学习的位置。学生由生疑、质疑，再到思疑、解疑，整个过程充满了积极求知的主动精神，对其所获知识印象更深。

以语文课堂教学为例：无论把“语文”理解成“语言文字”、“语言文学”还是“语言文化”，其核心都是“语言—思维—人的发展”的相互作用及其相互促进。而离开了学生富有个性和创见的独立思考，这一切都谈不上！语言的千姿百态反映了思维的丰富多彩，学生在阅读教学过程中的“仁者见仁，智者见智”，正体现了能力形成和知识运用方面语文学科不同于其他学科的独特性。培养学生的思考能力，实际上也是在训练学生科学的治学方法。打开一切科学大门的钥匙，无疑是问号。知识传授绝不是最终目的，我们的目的是通过教学，为学生的未来开辟一个广阔的文化空间，让学生自己去探寻、研究、发展和创造。因此，教会学生的治学尤为重要，而治学的过程很大程度上就是一个独立思考的过程。培养学生的思考能力，符合时代发展的需要。因为教会学生思考，其更深远的意义在于为学生未来的人生播撒科学精神的种子，为我们国家的未来造就民族振兴的栋梁。科学精神最重要的内涵之一便是怀疑精神——怀疑不是否定，而是不迷信。从人类文明史上看，怀疑是创造的起跑线，是科学的助产士，是真理的磨刀石。如果我们的学生没有起码的思考能力和怀疑勇气，那么，他们就不可能真正成为未来中国物质文明和精神文明的创造者，更无力迎接国际竞争的挑战。这将是中华民族的悲哀！

学生之间、师生之间的思想碰撞，应该是“对话”的主旋律。

这里，还有必要反思一下“启发式”教学。当然，相对于“填鸭式”教学，“启发式”当然是一个了不起的进步。“启发式”的教学策略之一，是“教学问题”的设计与提出。然而，正是在这一点上，“启发式”暴露出了其“教师中心主义”的胎记。

“学生为主体，教师为主导”是最近20年比较有影响的教学改革命题，许多教师也把这句话作为自己教改的指导思想。但是，在一些教师的课堂教学实践中，“教师为主导”成了“教师为‘主套’”。针对过去“满堂灌”的弊端，许多教师开始注重“启发式”教学，但是，谁来“启发”？仅仅是靠教师启发，还是引导学生之间互相启发，同时更注重学生的自我启发？这些问题往往被一些教师忽视。于是，“满堂灌”便成了“满堂问”，就以为是“主体”、“主导”的统一，这实在是一种可怕的误解。因为在这样的教学中，教师所依次抛出的自己所“精心设计”的一个个问题，常常成为学生的思想圈套——正是在这样教师的一步步提问，学生的一次次回答和教师对学生答案的纠正中，学生成了教师思想的俘虏！学生没有一点个人的创见，教师也不允许学生自己对文本进行富有个性的创造性理解；学生要做的，只是充当教师见解的复述者！这样的课堂教学中当然也有“人”的存在，但这里的“人”只是教师而非学生；而学生的“精神主体”却在教师的“引套”中消失了！

因此，教师应该警惕：千万别让课堂成为学生“思想的屠宰场”！

四

但是，这决不意味着教师放弃了自己教育的责任，而只能做学生“思想的尾巴”——如果这样，我们的教学就失落了它对学生应有的教育功能和发展意义。

有教师认为，既然讲教学民主，既然在课堂上教师也是“平等的一员”，就没有必要强调教师的引导作用，否则又会回到教师“话语霸权”的老路上去。这种认识是对教学民主的误解。在“对话”与“共享”的过程中，教师当然是“教学共同体”中与学生平等的一员，然而他是“平等中的首席”。他不是知识的灌输者，不是行为的约束者，不是思想的主宰者，但他在“对话”与“共享”中发挥着其他参与者（学生）所无与伦比的“精神指导”和“人格引领”作用。

我同意肖川先生的观点：“教育作为文化—心理过程，所关注的是理想个体的生成与发展，它有这样两个相互制约、相互联结、互相规定、对立统一的基本点，那就是：价值引导和自主建构。”（《我们究竟需要什么样的教育》，《教育参考》2000年第5期）在这里，“自主建构”是针对学生而言，“价值引导”则是就教师而论。

“平等中的首席”这个位置，是教育本身赋予教师的。教育的方向和目的，教师对学生成长所承担的道义上的责任，都决定了在教学过程中，教师不可能是一个放任自流的旁观者或毫无价值倾向的中立者，而理应成为教学对话过程中的价值引导者。事实上，无论是教学目标的确定还是教学活动的组织，都体现了教师的价值取向。纯粹“客观”的教学，永远不可能存在。在课堂教学中，教师的价值引导主要体现在：一方面，他创设和谐情景，增进学生合作学习，鼓励学生积极参与并主动创新。让学生在尊重中学会尊重，在批判中学会批判，在民主中学会民主……这本身就是教育者应该追求的教育目的。另一方面，面对争议，特别是面对一些需要引导的话题，他不是以真理的垄断者或是非的仲裁者自居发表一锤定音的“最高指示”，而是充分行使自己也同样拥有的发言权，以富有真理性的真诚发言，为学生提供更宽阔的思路更广阔的视野更丰富的选择。教师的发言尽管只是“仅供参考”，但由于教师所处的首席地位，尤其是教师发言所闪烁的智慧火花思想光芒，教师的一家之言必然会打动学生的心灵，在他们追求真理的道路上产生积极的影响。

当然，在“对话”过程中，有时候学生的见解比教师更具真理性。在这种情况下，教师首先要能够放下“师道尊严”的面子，具备向真理投降的勇气和向学生请教的气度，乐于以朋友的身份在课堂上和学生开展同志式的平等讨论或争论，并虚心地吸取学生观点中的合理因素。对学生来说，这本身也是一种民主精神的熏陶与感染。“一日为师，终身为父”这句古语在积极倡导尊师风尚的同时，却强调了学生绝对服从的臣民意识和教师至高无上的家长权威；相比之下，“吾爱吾师，吾更爱真理”则更能体现出在追求真理的前提下既尊重师长又保持个人心灵自由的人文精神。既然承认师生平等，那么“真理面前，人人平等”就是理所当然的了。应该特别指出的是，师生之间的商榷并不只是是非之争，更多的时候是互相启发，互相补充和互相完善，只要言之成理，还可以求同存异甚至不求同只存异，而不必非要定于一点不可。宽容歧见，尊重多元，这也是教师应该引导学生逐步具有的民主胸襟。

“对话”过程中教师的价值引导作用，正在于此。

五

相比起“填鸭式”与“启发式”，“共享式”更能体现出课堂教学中师生的新境界。

它新就新在重新确立了课堂教学中的师生关系，特别是重新确立了教师在课堂教学中的职责：“……把教师称为‘师长’（Master）（不管我们给这个名词一个什么意义），这只是越来越滥用的名词。教师的职责现在已经越来越少地传递知识，而越来越多地激励思考；除了他的正式职能以外，他将越来越成为一位顾问，一位交换意见的参加者，一位帮助发现矛盾论点而不是拿出现成真理的人。他必须集中更多的时间和精力去从事那些有效果和有创造性的活动：互相影响、讨论、激励、了解、鼓舞。”（联合国教科文组织国际教育发展委员会：《学会生存——教育世界的今天和明天》）

“共享式”教学，把教学过程还原成师生积极互动、共同发展的交往活动过程。无论“填鸭式”还是“启发式”，信息流向都是单向的静态的，而且是居高临下的。而“共享式”则体现了师生之间和学生之间动态的信息交流，真正实现了师生互动，在对话中师生互相影响、互相补充、互相促进，最终共同进步。师生关系的本质是教育性的，因而“我们相信，在这样的师生关系中，学生会体验到平等、自由、民主、尊重、信任、友善、理解、宽容、亲情与关爱，同时受到激励、鞭策、鼓舞、感化、召唤、指导和建议，形成积极的、丰富的人生态度与情感体验。”（钟启泉等《为了中华民族的复兴》）

这正是“共享式”师生关系所要达到的教育目的，也是未来更加民主的社会主义中国对当今教育的热切期盼。

对话：平等中的引导

一

首先需要特别说明的是，语文教学过程中的对话，不仅仅是师生对话，还包括学生之间的对话。但鉴于长期以来我们往往忽视的是后者，因此，这里主要探讨师生对话。

说到“对话”，一些教师更多的只想到课堂上师生之间的口头语言交往。这个理解不能说不对，但不够。新课程改革理论将教学的本质定位于交往，把教学过程理解为师生共同参与、共同发展的互动过程。因此，作为体现交往哲学理念的“对话”，不仅仅是一种调动学生的教学手段，更是一种尊重学生的教育思想；不仅仅是一种激活课堂的教学技巧，更是一种走进心灵的教育境界；不仅仅是指教师和学生通过语言进行的讨论或争鸣，更是指师生之间平等的心灵沟通与交流。这种“对话”，要求师生的心灵彼此敞开，并随时接纳对方的心灵。因此这种双方的“对话”同时也是一种彼此的“倾听”，是双方共同在场、互相吸引、互相包容、共同参与以至共同分享的关系。

简言之，我理解的“对话”，既是一种教学方式，更是一种师生关系。正是由于从这个意义上审视对话，我把对话分为“微观的对话方式”和“宏观的对话关系”。

所谓“微观的对话方式”，更多是作为一种教学手段或现象呈现于课堂教学过程中。主要包括：

①问答。教学中师问生答或者生问师答，这是最常见最基本最原始状态的一种对话方式。

②讨论。课堂上就某一问题或主题，师生之间（含学生之间）展开探讨和交流。

③争鸣。教学过程中，大家就某一观点，展开思想碰撞。

④写作。师生通过作文、周记、随笔、评语等交流看法，了解对方的思想感情。

⑤朗读。阅读教学过程中，师生的课文朗读也是一种传递精神交流信息的方式，通过朗读过程中对课文抑扬顿挫的节奏甚至对某一个字的处理，听众感受朗读者对课文的理解和再创造。微观的对话也可以叫作“显性对话”。

所谓“宏观的对话关系”，更多的是指在师生相处过程中彼此之间精神交往的良性状态。主要包括：

①互相学习。师生在“学习共同体”中彼此交换知识和各种信息，以丰富、提高或完善各自的认识。

②互相影响。师生双方同时在人格上彼此感染，进而在精神上发生积极的变化。

③互相鼓励。在学习过程中，师生通过彼此间的激发、勉励，获得持

续不断的学习热情并实现各自的超越。

④共同参与。教师和学生都作为学习成员投入到学习过程中，通过合作互动，使学习过程成为师生各自精神发展和生命流淌的过程。

⑤共同分享。师生心灵沟通精神交融，不仅仅分享经验知识，也分享思想感情；不仅仅分享获得成功的结果，也分享战胜困难的过程。宏观的对话也可以叫作“隐性对话”。

二

现在人们在谈到教学过程中的“对话”时，往往在前面加上“平等”二字，以突出师生作为对话双方互相尊重的关系。然而，争议正由此产生。不止一次听一些教师和专家质疑道：“教师和学生可能绝对平等吗？教师就是教师，学生就是学生，二者在各方面的不平等是客观存在，比如，教师上课要领工资，学生上课要交学费——可能平等吗？硬要说师生平等，不过是一种理想的愿望罢了！”不能说这种质疑没有一点道理。是呀，师生之间哪有绝对平等呢？

但是，提倡“师生平等对话”就是绝对平等吗？究竟谁说过师生之间是绝对平等的呢？事实上，一般人们在谈教育时所说的“师生平等”，不是也不可能是绝对平等——因为世界上根本就不存在人与人之间的绝对平等。

看来，有必要对我们所说的“平等”含义做一番剖析。

每一个人的出生背景、智力水平、学历程度、生活经验、经济状况、社会分工等等都不可能完全一样，因此，任何时候都不存在绝对的平等。但社会学、政治学上讲的人与人之间的“平等”，是指人们在政治、经济、文化等各方面享有同等的权利。1776年7月4日发表的美国《独立宣言》庄严宣告："我们认为下述真理是不言而喻的：人人生而平等，造物主赋予他们若干不可让与的权利，其中包括生存权、自由权和追求幸福的权利。"1948年12月10日联合国大会通过的《世界人权宣言》第1条明确昭示："人人生而自由，在尊严和权利上一律平等。"

由此可见，这里的"平等"不是指也不可能是指所有方面的平等，其含义是尊严和权利的平等。而尊严通是过权利来体现的——尊严是一个人内在的精神感受，但权利则是看得见的社会行为；尊重一个人，必然尊重法律赋予他在各方面的权利，而剥夺了一个人的权利，其尊严也就失去了依托。因此，说到底，在平等的所有含义中，核心是权利的平等。

具体到教育上，我们所说的"师生在课堂教学中的平等"，也不是说师生绝对平等，而是拥有同等的权利。这又会引起误解——我曾就此与一些同行探讨时，就有人质疑道："难道教师所有权利（作业批改、学业考试、分数评定等等）学生都可能拥有吗？"然而，这里的"权利"指的是课堂教学中师生对话时的平等权利，具体含义是师生双方都拥有思考的权利，发表自己观点的权利，以及与他人（包括学生与老师）展开观点争鸣的权利—— 一句话，是思想的权利。在这一点上，师生当然是平等的！如果以教师的职业角色，以及教师远远比学生丰富的生活阅历和更加成熟的思维品质为由，而否认师生平等对话的权利，是不妥当的。对同一个问题，教师的认识也许更全面更科学更深刻，但在表达自己观点的权利上，学生和教师是平等的。

对话过程中的平等还有一个含义：真理面前，人人平等。当教师服从学生的正确认识时，这与其说是向学生学习，不如说是服从真理。这是教师民主情怀的体现——陶行知曾说："民主的教师，必须具有：（一）虚心；（二）宽容；（三）与学生共甘苦；（四）跟民众学习；（五）跟小孩学习——这听来是很奇怪的，其实先生必须跟小孩子学，他才能了解小孩的需要，和小孩子共甘苦。并不是说完全跟小孩子学，而是说只有跟小孩子学，才能完成做民主教师的资格。否则即是专制教师。”（《陶行知教育文选》）

我们今天强调平等有特定的现实针对性。长期以来，师生关系上的突出问题不是师生太平等，而是师生缺乏平等。“我们并不去强调不需要强调的东西——这就是说，有些东西已经很受重视，就无需强调。……在一定的时期或一定的世代，在有意识的规划中，往往只强调实际上最缺乏的东西，这并不是一个需要加以解释的矛盾。”（杜威《民主主义与教育》）

有的教育者之所以对“平等对话”有误解，有一个很重要的原因，在于他们认为，有些教师一谈“平等”就意味着教师引导作用的淡化。不能说这种误解没有根据，因为的确有一些教育者把平等对话理解成为“淡化引导”，他们甚至认为，如果强调对话中的引导，就不是真正的平等对话，就仍然是教师的“话语霸权”甚至是“思想专制”。这样一来，“微观的对话”成了各说各的，成了自言自语，成了怎么说都对；而“宏观的对话”则成了学生的随心所欲和教育者的放任自流。

我想，只要对教师角色和教师责任有清醒认识的人，都不会把平等对话理解成放弃引导的。《语文课程标准》明确指出：“教师是学习活动的组织者和引导者。”教师作为学习活动的组织者和引导者，是平等中对话的“首席”，而指导、引导就是这个“首席”的必须承担的责任和必须履行的义务，否则就是失职！以任何理由反对引导，都会导致教育的被取消。

三

当然，理论上说“应该引导”是不难的，关键在于实践上“如何引导”。这里，我想结合自己的语文教育实践，谈谈自己的认识和做法。

（一）以自身的行为为学生示范

既然对话也是一种关系，那么，在师生相处的过程中，教师以自己的教学行为（实际上也是自己的人格形象）去感染和影响学生，这是最重要的精神引导——

以兴趣激发兴趣：教师以对自己所教学科的态度去影响学生，用发自肺腑的职业情感去感染学生对学科知识的热爱。语文教师当然不一定是诗人，但他应该具备诗人的气质；语文教师也不一定是作家，但他应该拥有作家的情怀。我们不是给学生讲语文，也不是带着学生学语文，而是用自己的语文气质去感染学生——对任何一位优秀的语文教师来说，他讲《背影》，他就是朱自清；他讲《记念刘和珍君》，他就是鲁迅；他讲《在马克思墓前的讲话》，他就是恩格斯……教师本人应该“语文化”，并自然而然地去“感化”学生。

以能力培养能力：没有语文能力或者语文能力不强的教师，是很难培养起学生真正的语文能力的。这是不言而喻的。在这里，“培养”同样首先意味着教师本人语文能力的示范。教会学生阅读，教师本人就应该善于阅读，特别善于在阅读中发现问题。我爱读书，并常常一边读一边写下读书随笔，每写完一篇读书随笔，我都要拿给学生看，以此向学生展示我在读书过程中的思考和批判。每上一篇新课，我都要给学生讲讲我在备课中遇到的问题，以此带动学生和我一起思考。我还喜欢和学生一起写作文，每次给学生布置作文，我都和学生同题写作，在作文评讲时，我把自己的作文拿出来让学生评判，同时，我又给学生讲我在写作过程中是如何构思、如何遣词造句的。我深深感到，对学生来说，这是最好的作文指导方法。

以思想点燃思想：与其教给学生以现成的思想，不如以思考的习惯去带动学生一起思考。学生思考的火花只有用教师思考的火花去点燃。我们不能设想，一个迷信权威、毫无创见的教师，会培养出敢于质疑、富于创新的学生。我经常在报刊上发表教育教学文章，有时还引起一些学术争鸣，这为我培养学生的思考能力提供了极好的机会。每次我在报刊打笔仗时，我都给学生读有关不同观点的文章，启发学生思考、辨别，并且鼓励学生也展开思想和我论战。通过参与这些思想争鸣，我试图让学生树立这样的观念：独立思考必然伴随着论辩，而以追求真理为目的论辩并不是固执己见的强词夺理，也不一定是非白即黑的是非之争。平等争鸣的结果，更多的是双方认识的互相补充、不断完善和共同提高。

以民主造就民主：不能否认我们呼唤民主的真诚，但由于长期封建传统文化的影响，我们在呼唤民主的同时有时往往不自觉地充当着专制的角色。我们常常忘记了杜威的观点，民主不仅仅是一种政治制度，同时还是一种生活方式，而且这种生活方式往往通过不经意的细节体现出来。那么，平时在教育过程中，教师如何在学生相处时体现出对学生的尊重，这都是民主精神的体现，并影响着学生如何去尊重他人。具体在语文课堂上，教师如何让自己的教学接受学生的监督，如何保持独立思考不迷信权威的自由人格，如何宽容地对待不同意见，如何在争论中尊重对方表达观点的权利，如何倾听吸纳对方的合理之处，如何勇敢地向真理投降……这些都是最好的民主示范，都在潜移默化地培养着学生的民主情怀。

（二）教学的预设与调整

应该说，教学中的引导就包括了对教学目标和教学程序的预设。但是，在新课程改革的热潮中，有些专家却提出：教学不应该预设，比如教学目标不应该由教师事前设定，而应该在教学过程中自发生成；教学问题也不应该由教师课前准备，而应该让学生在探究的过程中发现问题；教学的具体环节也不应该由教师预设，而应该让学生在活动中自然而然展开思维的飞翔……如果预设了教学目标，就会对学生探究思维形成束缚。我认为，这种观点值得商榷。

教育，本身就是有目的地培养人的活动。因此，教学任务、目的明确以及教学环节的设计等“教学预设”，我认为是无可厚非的。尽管现在在一些研究性学习的过程中，我们提倡学生自己提出课题、发现问题，但教师宏观的指导与导向也是必不可少的。问题不在于教学是否预设，而在于如何预设以及预设后是否依据课堂推进过程中的实际情况进行调整。现在教学预设存在的主要问题是：第一，预设的依据来自书本而非学生的实际情况，教学目标、教学重点、教学难点等等均来自教学大纲和教材中的单元要求和课文前的提示。第二，教学程序预设得过于死板僵硬，不但教学过程中的具体步骤顺序不能变动，而且连每一个环节需要的时间都精确到了分秒。

我主张，教学预设既应依据教学大纲、课程标准、教材要求，更要面对学生的实际，而且，更重要的是，对教学环节的预设应该富有弹性，要留有机动灵活的创造空间。任何教学预设都是可以也应该根据课堂上学生的变化而予以调整。而所谓“引导”正体现在这调整的艺术中。

《世间最美的坟墓》一文，按教材单元规定的学习重点是“概括要点，提取精要”。但我课前通过检查学生的预习，发现绝大多数学生都已经能够达到这个要求。如果我的课堂教学重点目标仍定位于“概括要点，提取精要”，这不但会使教学成为低效劳动或无效劳动，而且是对学生的不尊重。于是，我研究学生预习时的提问："为什么明明朴素的坟墓作者却说最美？""作者为什么提到拿破仑等人的墓？""为什么作者要反复提到小小长方形土丘，而且强调没有十字架，没有墓碑，没有墓志铭？"……学生的提问是很散乱的，但我将这些提问上升概括为这篇课文的学习重点：探究本文对比修辞手法的运用。从学生散漫的问题里提炼出带有共同性的研究课题，以此作为教学重点，并指导学生去探寻，这也是引导。

教《荷塘月色》时，按教案设计的程序是，先让学生自读一遍课文，然后和学生一起交流对朱自清生平的了解，再进入课文的朗读并交流各自的感受。但上课前，有学生来办公室问我有关单元重点的问题，我在表扬这位同学良好预习习惯的同时，心想：是呀，这是学生进高中学的第一篇课文，应该先引导他们把握单元学习重点，树立单元学习的观念。于是我决定上课时不从朱自清生平开始，而是引导他们关注单元要求："整体感知，揣摩语言。"大家围绕这八个字思考、讨论，学生一开始就进入了思考的氛围。最后我总结道："同学们注意，所谓阅读，主要就是通过揣摩语言去整体感知文章的内涵，体会作者的思想感情，进而走进作者的心灵。"本来按教学计划，接下来的一步应该是介绍朱自清的生平。但此刻，我的话题已经说到通过揣摩语言而进入作者心灵，学生们也跃跃欲试了，于是，我临时决定先不介绍朱自清，而从这里切入课文："比如，今天我们要学的《荷塘月色》，就值得我们好好揣摩品味。而揣摩品味的第一步就是朗读，那种'把自己放进去'的朗读。好，现在请同学们自己朗读一遍课文。注意，在朗读《荷塘月色》的时候，你就是朱自清！"于是，学生开始各自朗读。一时间，课堂气氛非常好，学生们通过朗读，用心去发现感受自己心中的"那一个"朱自清，然后各自谈体会。最后，我再引导大家回过头来交流对朱自清生平的了解。这堂课没有按我事先设计的程序运行，而是根据学生的情况做出及时的调整，使教学过程如行云流水一般的自然，而且真正走进了学生的心灵。

（三）营造课堂学术氛围

作为自主探究的课堂，必须充满一种民主的学术氛围。由于长期以来我们的课堂实际上是教师的一言堂——学生也习惯了老师的一言堂，因此，在目前的课堂上这种学术氛围是不可能自发产生的。而在课堂上为学生营造一种学术氛围，就是教师的一种引导。

这里所说的“学术氛围”，显然不是大学课堂上或真正的专家学者在学术论坛进行争鸣探讨时的那种氛围，因为严格意义上的学术研究，是对某种较为专门、有系统的学问的研究，绝大多数中学生显然达不到这个高度。但这不妨碍中学语文课堂上充满一种民主平等、富于批判精神而又闪烁着创造性智力火花的学术氛围——

指导学生正确使用教参资料：与其教给学生现成的答案，不如教会学生自学——虽然同样是获取知识，但前者是由教师灌输而后者是学生在教师的指导下用自己的大脑去探寻，其收获除了知识更有能力。正是基于这种认识，我主张在教学中向学生公开备课资料，包括与教材配套的《教参》，这既显示出教师引导学生的自信，又体现了教师相信学生的民主。而且，师生共同占有参考资料，大家研究课文就不再仅仅是一些表面的语言现象而是更深层次的东西。当然，教师应指导学生善于鉴别、取舍和消化资料，而不成为《教参》的奴隶。

激发学生进行不同观点的交锋：语文教学课堂应闪烁着学生思想碰撞的火花，以照亮通往真理的道路。当然，也许并不一定每一次观点交锋都会有一个终极答案，但争鸣本身就是目的——独立思考是追求真理的起点，学生敢于发表不同看法，就表明他们已开始具备探求真理的勇气。教师组织课堂上的思想争鸣，还应教会学生运用一些正确的思想方法：具体问题具体分析，顾及全篇主旨分析某一语句的含义，结合一定的时代背景和社会特点把握某一作家的思想感情及其作品的得失等等。

鼓励学生向课文质疑：教师在引导学生从课文中吸取思想养料、学习写作技巧、获得审美体验的同时，还应鼓励学生实事求是地指出课文可能存在的不足，以破除学生头脑中唯书是从的迷信思想。对古代作品中的消极因素，学生比较容易发现也能勇于指出；对当代作家的名篇，学生则容易盲目崇拜。针对这种情况，我常给学生读一些课文的原稿和修改稿，说明任何佳作都不可能绝对十全十美，并带头在名篇中“挑刺”。渐渐地，学生的思想解放了，也能逐步发现一些课文的美中不足。学生向课文质疑，并且提出自己的修改意见，这实际已不仅仅是怀疑了，其中还包含有积极创造的因素。这样做，并不妨碍学生对作家的尊重和对课文的欣赏，只是不迷信罢了。

指导学生写研究性小论文：指导学生写研究性小论文，既是治学方法的综合训练，也是对学生独立钻研课文、形成独到见解的能力的有效检验。教《守财奴》，我指导学生就课文末尾“这最后一句证明基督教应是守财奴的宗教”的理解写小论文；学《雷雨》，我要求学生撰文分析“周朴园对待侍萍的感情”；讲《林黛玉进贾府》前，学生便在预习的基础上写成了一篇篇小论文：《黛玉为何步步留心、时时在意？》、《谈宝玉的顽劣》、《小议王熙凤的哭和笑》、《人物出场艺术浅析》……我允许学生写作时查阅有关资料，也可适当引用，但必须经过自己的消化并有自己的见解，在文末注明主要参考资料。学生写这种文章往往兴趣颇浓而且思维特别活跃。其主要原因大概是与一般的命题作文不同，学生的这种小论文更带有批判性和创造性，也更能体现出学生的主体意识、思想自由和个性色彩。

引导学生矫正自己的思想认识偏差：学术研究的科学性决定了研究者应随时克服谬误，接受真理。我们在培养学生独创意识的同时，还要培养学生实事求是、虚怀若谷、乐于容纳不同观点、勇于纠正自身错误的学术道德。“让思想冲破牢笼”，也包括让学生冲破自我的思想束缚：自以为是而固执己见、习惯接受现成结论而不愿追求探索新知、思想方法陈旧、思维模式单一等。我曾让学生研究他们的作文状况，然后以编写《中学生作文“俗套词典”》的方式对中学生作文中立意、构思、语言等方面的公式化、雷同化现象提出批评——写女教师，总是“像妈妈一样慈祥”；写小孩，总是“大大的眼睛”；写安静，总是“掉根针都听得见”；写星星，总是“在眨眼睛”；写托物咏志的文章，结尾往往是“我爱××，更爱具有××精神的人！”……分析文学作品，我让学生尽量冲破“好人坏人”的思想框框，结合具体的社会环境把握人物丰富多彩的独特个性。

语文教学中学术氛围的营造和学生初步治学能力的培养，就是语文教师在课堂中的一种积极的引导，这既体现出一种教学艺术——对学生知识的有效转化，更体现出一种教育民主——对学生思想探寻的充分尊重。

（四）把学生的思考引向深入

思维从问题开始。针对过去问题往往是教师提出而学生往往被剥夺了发问权的情况，现在我们提倡问题从学生当中来。这无疑是对的。但这并不意味着教师就不能提问，作为平等对话的一员，教师也应该有提问的权利。教师的提问也是一种引导，有时正是在教师富有启发性的提问中，学生的思考的火花被点燃。

当然，无论对于学生还是对于教师，不能仅仅止于提问。在课堂对话的过程中，往往有这种情况，围绕某一问题的探讨，尽管学生的思维很活跃，但这种活跃同时又处于一种自发的无序状态。由于生活经验的不足，也由于思维发展的不成熟，他们的思考与探究，常常停留在浅表层次。这就需要教师进行“思维搭桥”，通过适度地点拨，把探究引向深入，也把学生的思考引向深入。

讲《孔乙已》时，我和学生一起探讨“孔乙已之死”。学生们一般能够理解孔乙已之死的社会原因，但对于作者在作品中营造的悲剧气氛——特别是“大约”一词所表达出来的人情冷漠的社会特点则不一定能够理解。于是我提出了一个问题：“孔乙已被打折腿是在什么时候？”学生们经过看书、思考，一般都能回答：“中秋前的两三天。”“中秋过后。”“中秋节前后。”我紧接着说：“对了，中秋节。即课文所说的。中秋节，这正是中华民族家人团聚的日子啊，可孔乙已却遭遇到什么？”学生们回答：“腿被打折了。”我说：“是啊，在家人团聚的时刻，孔乙已却被丁举人吊起打了大半夜，直至打折了腿！请同学们注意鲁迅先生这样沉痛地描写：‘秋风是一天凉比一天……’同学们想过没有：作者为什么要这样写？”一位学生说：“说明了鲁迅先生对孔乙已的同情。”这样的回答当然也不错，但我继续追问：“秋风和同情之间有什么联系呢？”另一学生回答：“因为秋风是令人感到萧瑟的，而孔乙已的遭遇是非常悲惨的。这是用秋风来烘托一种感情，烘托一种气氛。”本来这个问题似乎可以到此为止了，但在肯定这位学生理解不错的同时仍然追问：“还有没有其他的理解？”那一刻，教室里一片沉寂，但我能够感受到学生思维的火焰正在熊熊燃烧。一位学生回答道：“读到这里，我感受到了孔乙已的生命一天比一天萎缩。因为秋天是万物凋零的季节，是死亡的季节。这就暗示了孔乙已的必然死亡。”我不敢说鲁迅当时写到这里时，就是这样寓意的，但学生能够读出自己的理解，就是一种创造性阅读。我立即赞扬学生这一观点，然后以自己的理解将其升华，把学生这个富有创见的思想推向更高的境界："我同意你的观点。'秋风一天凉比一天'，和你一样，读到这里，我深深地感到人心也是一天凉比一天，社会也一天凉比一天，孔乙己的生命之火更是一天凉比一天！你刚才说秋天是死亡的季节，但实际上对人们来讲，秋天本来更是一个收获的季节，而在这样一个收获的季节，孔乙己连自己的生命都难以'收获'了，等待他的只有死亡。读到这里，我相信任何一个有良心的读者都会感到心情的沉重！"我提示学生们细细体会课文中"不一会，他喝完酒，便又在旁人的说笑声中，坐着用这手慢慢走去了"的句子，最后大家达成共识："大约孔乙己的确死了"，这个"大约"隐含着社会的冷漠，这个"的确"表现了孔乙己死亡的必然。我们可以从一个人的命运看一个社会的本质。冷漠的社会，造就了孔乙己的悲剧性格，也导致了孔乙己的悲剧命运！这个"人"死了，这个社会也必然应该灭亡，它没有任何理由继续存在！如果说孔乙己的死令人同情的话，那么，我们有理由诅咒这个社会的灭亡！

在上面所述的课堂教学片断中，我并不认为我的提问是对学生思维的束缚，更不认为我给学生讲我的观点就是"思想霸权"。既然是"平等对话"，教师当然也有发言权；既然是"平等中的首席"，教师的发言就不应该停留在一般的交流层面，而应该尽可能使学生更具有思维的发展性和拓展性。

（五）激发学生的创造潜能

已经有不少专家指出，孩子的创造性不是教出来的。我同意这个观点。应该说，创造是人的天性，儿童与生俱来的好奇心和探究兴趣，就是创造性的萌芽。但现在的问题是，传统教育不是发展孩子的创造性，而是相反——随着孩子受教育程度的增加，他们创造的能力却在下降。这已经是不争的事实了。如何在教学对话中激发学生潜在的创造能力（而不是“凭空培养”），这正体现了教师的引导。

激发学生创造性思维的潜能，首先不是所谓“训练”，而是根据维果茨基的“最近发展区”理论由浅入深地给学生设立思维的梯度，或者说一步步地提高思维的难度，让学生在“思维登山”的过程中展现出潜在的能力。维果茨基把儿童在“有指导的情况下借成人的帮助所达到的解决问题的水平与在独立活动中所达到的解决问题的水平之间的差异”确定为儿童的“最近发展区”。他认为，教学不应指望儿童的昨天，而应指望于他的明天；只有走在前面的教学，才是好的教学。按我的理解，作为有效的发展性教学，教师既不能不切实际地超越学生的心理准备状况，或超越学生的“最近发展区”，也不能落在心理准备或“最近发展区”的后面，而要在适应学生现有发展水平的同时，还要积极引导和促进学生的发展。通俗地说，教师对学生思维发展的引导，关键在于准确地找到学生的“最近发展区”，把学生引导到他们跳一跳就能够达到的地方，将学生“逼”聪明。

的确，只要教师为学生提供机会并引导得法，他们所迸发出来的创造性思维的潜力是无限的。《为了六十一个阶级弟兄》一文刚刚讲完，学生开始做课后的有关练习。其中第四题要求学生解释六个成语——车水马龙、危在旦夕、素不相识、不遗余力、风驰电掣、化险为夷，并特别要注意加点字的含义。这道题不难。我让学生举手发言，口头解释；对其中较难的加点字，则让学生查字典比赛。很快，全班同学基本上完成了题目要求。然后，我依次提出要求。我先说：“能够解释的成语不一定会运用。下面请同学们用这几个成语各造一个句子。”这当然难不倒学生，当学生达到这个要求后，我接着提出更高要求：“你们能不能说一段话，把这六个成语恰当地运用进去呢？”学生同样很快“达标”，但内容大多是繁华都市、抢险救灾之类。我评价道："从刚才的发言看，成语都用得正确，但主题相近，情节雷同。"然后我提出新的要求："下面，请同学们再动动脑筋，还是用这几个成语说一段话，但不许再说繁华都市，也不能再说抢险救灾。"

学生对我的"刁难"显然很有兴趣，情不自禁地小声讨论起来。过了一会，有几个学生举起了手，有学生说："他离开了车水马龙的城市，告别了病床上生命危在旦夕的母亲，风驰电掣地赶回边防线。母亲和祖国在他心中都很重要，但他首先选择了祖国。为了这更伟大的母亲，为了亿万与自己素不相识的同胞的安宁，他将不遗余力地守卫好脚下这片土地。他坚信，有了自己和战友们筑起的长城，任何敌情都将化险为夷。"还有学生说："在海洋深处，各种鱼儿车水马龙般地穿梭着，其中有一只蓝鲸慢慢悠悠地游来游去。突然，鱼儿们都四散飞游，原来是一群大白鲨冲过来了。它们团团围住了巨大的蓝鲸。可怜的蓝鲸生命危在旦夕。这时，和这只蓝鲸素不相识的更大的一群海豚风驰电掣地冲向鲨群，它们不遗余力地撞击大白鲨。渐渐地，大白鲨退却了，蓝鲸总算化险为夷了。"

但是，我继续"刁难"学生："请仍然用这六个成语说一段话，但只能反映你们的生活，只能描绘安静的场面！"这次学生们陷入了紧张的思考，但几分钟后，学生们的发言实在是令我惊喜，其中有一位女生这样说道："教室里静静的，大家都在紧张地做着老师发下来的物理试卷，可我的脑袋里却一片空白，那些力学公式好像和我素不相识，以前都不曾在我的脑子留下一点印象。时间在一秒秒地过去，但那如山如海的试题却车水马龙般地向我涌来，尽管我不遗余力，努力从自己的头脑中挖出以前学过的有关知识，然而一节课快过去了，我的试卷仍留下一大片空白。终于，铃声响了，我的脑袋嗡的一声炸了——那可怕的分数、老师的批评、父母的责骂……在我脑海里风驰电掣地闪过。我不敢想下去了，只是呆呆地坐在那里等待老师收试卷。就在这危在旦夕的时刻，突然听到老师说：‘这次只是课堂练习。由于怕你们不认真地独立完成，我才对你们说是考试。好了，没做完的同学请回家后继续做完。’我心里的石头落了下来，并不禁为这次的化险为夷而暗暗庆幸。”——不可设想，如果没有教师的引导，学生哪能被“逼”得如此聪明。

我想再次强调，作为对学生成长和发展真正负责的教育，平等对话并不排斥积极引导。我们应该努力追求的是，既不因“引导”而取消“对话”，也不因“对话”而放弃“引导”；既不因“引导”而扼杀学生的思想自由，也不因“平等”而放弃教师的教育职责——即使在高扬个性旗帜的今天，我们也不应该忘记：真正的教育是个性健康发展的条件。

阅读教学的解释学思考

——解释学读书笔记

一、关于解释学

解释学是关于理解的学问，是对理解的理解。对理解本身进行理解（反思、研究），将有助于自觉地对待自己和别人的理解，更有助于我们正确地理解。

解释学本身并不是统一的理论学说，而是一门学科。围绕“理解”这个研究对象，在不同的时代不同的解释学家提出了不同的解释学理论，因而出现了不同的解释学派别——如施莱尔马赫（认识论解释学）、狄尔泰（认识论解释学）、海德格尔（本体论解释学）、迦达默尔（本体论解释学）、罗蒂（后现代主义解释学）等等。从时间发展的顺序看解释学的历史发展，解释学可以分为古代解释学、近代解释学、现代解释学、后现代解释学。从解释学的研究对象的发展来看解释学的发展，解释学的历史发展可以表述为从局部解释学或专门解释学向一般解释学或哲学解释学的发展历史。从解释学的基本哲学观点或基本哲学原则来看解释学的发展，又可以从两个角度来划分。根据发展观来划分，解释学可以分为三个基本派别：绝对主义的解释学、相对主义的解释学、辩证的解释学。

解释学对阅读学的意义是不言而喻的，近代解释学即阅读学。通过对解释学不同理论的学习研究，我们可以批判吸收各种解释学理论的合理思想，逐步形成科学的解释学观念，以指导我们的阅读教学。科学的解释学对阅读不但有着认识论的意义，即帮助我们认识“阅读”的规律和特点，而且也有着方法论的意义，即为我们提供尽可能科学的阅读方法。

二、理解是对文本意义的把握

解释学的“理解”，指的是对文本的理解。所谓“文本”，从广义上讲，是由人创造的体现人思想感情的作品，包括文字、绘画、音乐等作品。从狭义上讲，是指作者的文字作品。阅读教学中所说的“文本”，指的就是文字作品，即“课文”。

理解的对象是一定的文本，实质是一定的意识。这个文本具有双重性，一方面，作为存在，是一定的物，是一定的符号系统，另一方面，作为理解的真正对象（任务），是一定的意义，这个意义是作者思想感情的表达。理解就是通过符号系统把握意义，而不是认识符号系统这个物本身。文本的本质是意义，即作者所灌注在作品中的含义。因此，理解文本，就是理解其物质形式（符号系统）所表达的思想、感情、意志、观念等等。物质形式是理解文本意义并不可少的中介，但不是真正的或本质的理解对象。

“理解的实质是把握文本的意义”这个道理似乎无甚新意，但对今天的阅读教学来说，至关重要。在为数不少的语文阅读课堂中，师生所关注的更多的是文本的符号系统，而忽视了意义——停留在文本的物质层面，孤立地进行词语积累、语法分析和修辞训练，而忘记了文本的精神层面。这样的阅读，实质上是理解本质的失落。

三、文本也是“主体”

在阅读教学的课堂上，存在着三类主体——两类阅读（理解）主体即师生双方和文本背后的主体即作者。

通常流行的观念是，只有教师才是理解的主体，学生则只是被动接受教师的“理解”。而文本（课文）更是理解的客体。于是，在这样的课堂上，教师垄断了理解的特权，成了文本唯一的诠释者乃至学生思想的主宰者。

科学的解释学认为，面对同一文本，别人是理解的主体，“我”也是理解的主体；同为理解的主体，主体之间的关系是平等的，主体之间的相互理解、探讨、批评，是推进正确理解的重要途径。

同时，文本就物质形式上讲，是我们理解的客体，但这个客体不同于认识论中认识的客体——在认识论的客体中，人们要认识的是其本身的属性和运动规律；而解释学所要理解的文本，其本质是人赋予的意义。因此，我们对文本的理解，实际上是通过文本的物质符号系统这个中介与物质符号系统背后的作者进行对话，从这个意义上说，我们阅读文本，实际上是主体之间的精神交流。

因此，阅读教学的过程，实际上是教师、学生、作者三方平等“对话”的过程。近年来，已经有不少教师意识到师生之间的平等主体关系，这比起过去的教师单一主体观无疑是一个很大的进步。但我认为还不够，我们还应该将文本作者纳入阅读过程中的主体行列。当然，作为文本作者的主体有其特殊性，这特殊性表现在他不是“现场主体”而是隐蔽的或者说没有出场的主体，它可能与我们同一时代但不同空间，也可能与我们根本就不是同一时代，因而这个主体在阅读过程中是无法言说的，是处于沉默状态的。

然而，文本主体之所以是主体，不仅仅是因为它也是一个精神承载者，而且它仍然参与了我们的对话与交流，引导着、影响着、制约着我们的理解。其引导、影响、制约的中介便是其作品。我们可以这样理解也可以那样理解，或者我们只能这样理解而不能那样理解，除了理解者自身的因素外，还取决于作品。

把握这一点特别重要。过去我们之所以对课文进行随心所欲的错误理解，有一个重要原因便是忽视了文本背后那另一个主体的存在。从这个意义上，因为有了这个隐蔽主体，我们对文本的理解便不可能拥有绝对的自由。

这绝不是否认理解者（师生）的能动性。在解释学发展的历史上，一直存在着读者中心主义和文本中心主义两种倾向。前者强调读者的绝对主观性，所谓“作者写了什么并不重要，读者读了什么才是重要的”，这导致了理解的相对主义；后者强调文本的客观性，这导致了理解的绝对主义。我们认为，如果从能动的理解者这个角度看，读者的确是理解的中心；但读者的理解毕竟是对文本的理解，在这过程中，读者的整个理解都是围绕文本进行的。我们强调尊重文本，实质上是强调我们对另一个主体的尊重。

唯有教师、学生、作者三方平等对话，我们的阅读教学才真正充满了互相尊重、互相宽容的民主精神。

四、关于理解的目的

在前面谈阅读教学时，“理解”的含义基本上等同于“阅读”。但这里我谈目的时，我要将这二者暂时区别开来。理解的目的，就是指向意义本身，而阅读的目的则是指向阅读者的生活（物质的或精神的）需要。

语文阅读教学所说的“理解”有两种情况：一是帮助学生理解文本的意义，二是帮助学生理解作者是怎样表达意义的。前者重在内容，后者重在形式。

关于理解的目的，解释学不同的理论有不同的回答。

第一种是“复原说”或“重建说”。所谓复原说或重建说，是说理解本文的目的是为了把握文本自身的意义，或者说，是为了把握作者的思想，通过理解，使文本的意义或作者的思想在理解者头脑中得到复现或重建。近代及其以前的解释学，主要取这种解释学立场，有人用“客观主义”来称呼这种立场。

第二种是“创造意义说”。“创造意义说”认为，理解的目的不是复原或重建作品的意义，而是创造作品的意义，使作品具有生成意义。这种观点所谓“意义”只是一个“可能的世界”：“作品有它自己的世界，解释者也有他自己的世界。这两个世界在解释者的理解中发生接触后，融合

为一个新的可能的世界——意义。”（殷鼎《理解的命运》）

第三种是“实用说”。“实用说”认为，理解的唯一目的是为了达到自己的实用目的，理解不要去问作品自身的意义问题，不要去问理解是否符合作品自身的意义的问题。理解达到了我的目的，为我服务，这就够了。

在这三种观点中，第一种和第二、三种的根本区别在于是否承认作品有自身独立的意义。“复原说”或“重建说”是明确承认的，“创造意义”说是含混地否认，而“实用说”则根本就丝毫不管作品是否有意义这个问题。

我是同意“复原说”的。因为这一观点建立在两个基本的前提上：第一，作品有自身的独立于理解者的意义；第二，正确理解作品的意义是可能的。正因为有意义并可以理解，我们才谈得上理解。否则，无异于取消了理解。“复原说”不否认读者对文本的创造性理解，但前提必须承认文本原本就有自身的意义。“复原说”也不否定理解是为了应用，但反对断章取义的实用主义态度。

我之所以强调这一点，当然不是无的放矢。应该看到，“创造意义说”和“实用说”在阅读教学中不是没有市场的。比如，过去我们对鲁迅作品的理解，就是典型的“实用说”。当然，就目前而言，比较占上风的是“创造意义说”，因为它以创造性阅读的面目出现，风头正健。“创造意义说”有两个基本的前提：第一，作品没有自身的不依赖于理解者的意义；第二，复原是不可能的，也是没有意义的。第一个前提，实际上是取消了理解，因为作品已经没有意义了，理解从何谈起？如果把作品视为一个静止的物质符号系统，一个存在物，它当然没有自己的意义世界。但作品作为作者思想表达的载体，作品的世界就是作者的精神世界。作者的精神世界就是作品的意义。第二个前提似乎有一定道理。的确，从绝对意义上说，复原是不可能的。但任何阅读都是绝对理解与相对理解的统一，从这个意义看，复原又是可能的。

需要特别指出的是，我反对“创造意义说”，并不反对创造性阅读，关于这一点，下面还将展开阐述。

五、帮助学生建立“前理解”

在备课时，有的教师常常更多地只考虑自己如何把握文本的思想内容、写作特色，而忽略了学生认知水平。这种情况，拿哲学解释学的术语来说，就是教师用自己的“前理解”取代了学生的“前理解”。

所谓“前理解”，通俗地说，就是“理解前的理解”，即主体理解文本前所已有的价值观念、经验、知识、思维方式等等。人们在阅读作品时，实际上情不自禁地加入了许多先入之见甚至传统偏见。阅读教学中，教师往往要设法让学生克服这种先入之见，从而进行所谓“清白的阅读”。在传统解释学中，受18世纪理性主义的影响，先见、偏见、传统等“前理解”确实曾被看作是影响正确理解的因素，是应当消除克服的东西。而哲学解释学则为“前理解”正名，认为“前理解”正是理解之所以成为可能的重要条件之一。因为第一，没有“前理解”就不可能有理解，比如一个处于纯生物状态的婴儿是不可能有什么理解的；第二，“前理解”构成了理解者的视野，一个人能够理解什么，理解到什么程度，恰恰取决于其“前理解”。

对阅读教学来说，“前理解”理论具有方法论的意义。第一，它提醒阅读者（师生双方），价值观对于正确理解文本的重要性，阅读者的价值取向、道德观念、政治立场、目的、动机都将对理解产生积极或消极的影响。第二，它提醒读者应尽可能扩大阅读面，“前理解”只有在不断“理解”中才能得以增强。第三，它提醒读者之间应加强交流，听听各种不同的“前理解”，以扩大自己的“前理解”；对任何一个文本，不同的“前理解”都只能从某一个“窗口”看到文本的一道“风景”，而不同“前理解”视觉的交叉，则使我们可以借助别人的眼睛看到更多的“风景”。

我认为“前理解”理论对语文教师最重要的意义是，在备课时，一定要先以学生的视觉（“前理解”）来看到课文，尽量考虑学生的“前理解”，只有这样，阅读教学才能真正贴近学生的心灵。当然，学生的“前理解”不是固定不变的，从某种意义上说，阅读教学的目的就是不断充实学生的“前理解”。

“前理解”对理解当然也有消极作用，比如它可能会限制我们的理解视野和理解深度，但这种消极作用也只有在不断扩大“前理解”中得以克服。

六、解释学、接受美学与创造性阅读

前面在谈到理解目的时，我从总体上否认了“创造意义说”。但“创造意义说”注重理解者的积极参与，这点却有着一定的合理性，它对目前我们提倡的创造性阅读有着积极意义。

说到创造性阅读，不能不提到著名的“接受美学”（也叫“接受理论”或“文学接受理论”）。可以说，接受美学是影响语文阅读教学改革最大的理论之一。接受美学认为，面对文本，读者的地位和作用与作者相当，二者均为作品创造的积极参与者。与传统的文艺理论只承认读者对文本的被动接受，充其量是充当鉴赏者或批评者角色不同，接受美学强调读者的能动创造，并给这种创造以充分而广阔的自由天地，即读者对文本的接受过程实质上是对作品的一种再创造过程。

实际上，接受美学与解释学是有着某种“血缘关系”的。有学者认为，接受美学作为西方20世纪中期以来出现的颇有影响的文学批评思潮，是紧随着解释学而发生的，它与解释学具有一种内在的联系。可以这样说，解释学发展到后来，也就逐渐演变为接受美学。解释学到了海德格尔和伽达默尔那里，解释作为一种再创造的元素被赋予了一种新的文化含义，形成了以接受美学形式出现的新的解释学观。所以，有人甚至把接受美学也看作是一种广义的解释学。

应该说，接受美学是符合阅读特点的，也是符合理解规律的。前面我说了，任何阅读都不可能是“清白的阅读”，都必然加进阅读者自己的“前理解”，因此，任何读者理解到的意义都不完全等同于作品原来的意义，而且不同读者面对同一作品所理解到的意义（对于文艺作品来说，则是感受到的艺术形象）都不可能完全一样。所谓“有一千个读者便有一千个哈姆雷特”，便是这个道理。

但是，真理往前多跨出半步则导向了谬误。如果把创造性阅读理解成不顾作品的意义而随心所欲地“自由理解”，则只有“创造”而无“阅读”了。这里的关键在于，“创造”的基础是否离开了“阅读”，即是否抛弃了作者的本意？应该说，读者理解到的意义与作品本身的意义是不完全等同的，前者属于作者自己而后者既包括文本自身意义也包括读者的“前理解”。也就是说，作品的意义（含义）与读者理解到的意义，既要有区别——因为加进了读者的前理解，但也绝不是与原作无关——因为毕竟是对作品的理解。如果是在这个意义上说“共同创造”，则是科学的，因为这种“创造”的前提是肯定作品有自身的意义。

这里又有一个问题出现了，允不允许学生对文本进行“戏说乾隆”

式的再创造？我认为，当然可以。所谓“古为今用”、“洋为中用”以及“旧瓶装新酒”式的“故事新编”都是允许的。比如，“滥竽充数新说”，比如“龟兔第二次赛跑”等等。学生联系自己的生活和时代特点由文本而激发新的联想或想象，进而赋予文本以新的含义，或者将作者的意义加以引申（包括对文学形象进行再创造），这不但符合学生的阅读心理，也是阅读要达到的真正的意义之一。但是，如果我们把这种新的意义新的形象强加给作者，硬要说这是作者的原意，这便是极不严肃的。正如魔术师耍分身术的魔术，魔术师明说这仅仅是魔术而不是真的，观众都不会误解；但如果魔术师硬要说其分身术是真的，那么，这便成了伪科学。而且，即使是并未强加给作者的新意，也不能完全离开文本，“戏说乾隆”说的毕竟是乾隆而非尼古拉二世。近年来，有人把《荷塘月色》中的情感“新解”为朱自清的婚外恋苦闷，把《孔雀东南飞》中刘兰芝被休的原因“新解”为刘兰芝的“不孕症”，我认为，诸如此类随心所欲的“理解”是很不严肃的，也是违背理解规律的。

解释学的确与接受美学有着某种相通。解释学所理解的创造性阅读包括：用自己的前理解去阅读，同时又借助于别人的“前理解”；努力发现别人没有发现的作品的其他含义；对理解到的意义做出自己独到的价值判断而不仅仅停留于理解本身或人云亦云；在理解意义的基础上产生联想而生成新的意义和塑造新的形象；将阅读与生活相联系，用阅读去影响生活，等等。

七、阅读过程中的“解释学循环”

阅读教学中，教师在引导学生理解课文时，常常提醒学生注意语境，即联系上下文来理解某一个字、词或某一句话。这是对的，但还应看到逆向的一面，即通过理解某一个字、词或一句话，来完成对某一“上下文”（语段）的理解。

只有理解了整体，才能理解局部；只有理解了局部，才能理解整体。理解就是在从整体到局部、从局部到整体的循环中前进的。这便是解释学中所说的“解释学循环”。解释学循环是指理解中的一个客观的矛盾，即理解局部和理解整体之间的一种矛盾关系，这种关系具有一种循环的性质。

哲学解释学扩大了对解释学循环的理解，而且把解释学循环看作是理解的基本条件之一。确实，只有理解了整体才能理解局部，反之亦然，只有理解了局部才能理解整体。没有解释学循环，理解是不可能进行的。事实上，对任何局部的理解，都已有了某种整体的理解，不然局部是根本无法理解的。同样，对整体的理解是通过局部的理解达到的，不理解局部，就不能理解整体。因此，理解总是一种不断的循环：从字到句，从句到段，从段到文……

应说这种“循环”一直在我们的阅读教学中存在，但哲学解释学循环丰富了循环的内容：不仅仅在字词句段之间循环，而且从文章的内容理解作者的整体思想，从作者的整体思想理解作者所处的那个时代，从作者所处的时代理解整个人类历史，反之，从整个人类历史理解作者所处的时代，从作者所处的时代理解作者的整体思想，从作者的整体思想理解文章的内容……我们还可以扩大循环的范围，比如在读者与作者之间进行循环：要理解作品，必须扩大对作者的了解，而要扩大对作品的了解，又必须不断地阅读其作品；要扩大自己的阅读，必须增强自己的理解能力，而要增强自己的阅读能力，又必须不停地阅读，如此等等。总之，没有循环，便没有理解，我们的理解永远处在循环之中，而这个循环是无止境的。

因此，从这个意义上说，阅读教学的过程，就是引导学生不断进行解释学循环的过程。

八、理解是相对与绝对的辩证统一

对一些经典作家的经典作品（比如鲁迅的作品）的理解，不少教师常常存在着两种认识：一种意见认为，仁者见仁，智者见智，只要言之成理，无所谓“标准答案”；另一种意见则认为，只要方法正确，我们是可以完全理解作品意义的，并达到阅读者之间的理解统一。这两种意见显然都是片面的：前者是理解的相对主义，后者是理解的绝对主义。

应该说，任何理解都是相对的，也都是绝对的。理解的相对性是理解的本性，是理解固有的性质。理解的主观性、局限性、不确定性、不完全性、历史性、变动性、开放性等等因素，决定了特定时空的理解者的理解只能是相对的。同时，理解的绝对性也是理解的本性，是理解固有的性质。理解的客观性、非局限性、确定性、完全性、永恒性、固定性、封闭性等等因素，又决定了特定时空的理解者的理解具有绝对性。

因此，在这个意义上，我们提倡辩证的解释学，反对理解问题上的绝对主义和相对主义，认为理解是相对和绝对的统一：相对之中有绝对，确定之中有不确定性，差异之中有同一性。

因为“理解”本身就意味着对象是可以被理解的。正确的理解是可能的。所谓“正确的理解”就是把握文本的本意。当然，对某一个具体的理解者来说，其“正确理解”只是“相对正确”，只是绝对真理长河中的一瓢水，但无数理解者理解到的“相对正确”却构成了所有理解者对文本理解的“绝对正确”，当然，这是一个无穷无尽的过程。理解者之间的差异，也是正常的。差异之间符合文本意义的重叠，便是绝对正确的理解。正如世界上没有完全相同的两片树叶，但世界上也没有完全不相同的树叶一样，理解没有完全一样的，但理解也没有完全不一样的。

再以“一千个读者心目中有一千个哈姆雷特”为例：每一个读者理解到的“哈姆雷特”都是原作的部分意义与读者前理解结合的产物，属于相对理解；但一千个“哈姆雷特”中把握到的原作意义（亦即对原作理解一致的部分）的总和，便是绝对理解。

只要理解，总有误解；只要理解，总是理解到点什么（总这样那样地理解了作者的思想、情感），因此在相对的理解中有绝对理解的成分。

九、解释学带给我们的阅读方法

尽管解释学不是方法论，但它却可以给我们以方法论的启示。前面所说的解释学循环，便是一种主要的理解方法。除此之外，解释学为我们提供的理解主要方法还有：历史的方法、语法分析的方法、心理分析的方法、唯物主义和辩证法。

历史的方法。作品不具有直接的可读性，必须对作品做出历史的定位。历史的方法就是把作品放到一定的历史情景中去理解的方法。运用历史的方法首先要有历史的观点。所谓历史的观点，就是把作品看作是一定历史条件下的产物。这有两个方面：作者思想的历史发展和社会的历史发展。作者的思想有历史的发展过程，一定的作品是作者思想发展的一定历史阶段的产物。既要反对用作者先前的思想来解读作品的方法，也要反对用作者后来的思想来解读先前品的方法。作者是处于一定社会中的人，这个社会处于一定的历史发展阶段，必须从社会历史条件来解读作品。

语法分析的方法。我们面对的是一定的文本，我们只能通过文字来理解意义。要了解语词的意义。同时，要在一定的语法结构中来理解语词和句子的意义。语法分析的方法主要是理解作品的字面意义。作者是通过语言来表达思想的，因此，必须搞清作品的字面意义。仅仅是对文本做字词分析是不对的，但那种完全抛弃字面意义而去理解作品的意义的方法是不可取的。

心理分析的方法。所谓心理分析的方法就是透过作品把握作者内心世界的方法，也就是不停留于作品的表面意义而深入到作者的内心世界，把握作者的真实思想和情感。我们面对一定的文本，目的是要理解作者的内心世界。如果文本的字面意义和作者的内心世界是完全一致的或直接同一的，当然所谓心理分析的方法是没有必要的。但是作品的字面意义和作者的真实思想并不完全一致。因此，我们理解一个作品，不能停留于作品的表面意义，而要透过字面深入到作者的内心世界，把握作者的真实思想和情感。

唯物主义和辩证法。即唯物辩证法在阅读理解上的运用，比如坚持理解的客观性，一切从文本出发，首先面对文本，尊重文本的原意，尊重作者的思想感情。又如坚持理解相对性与绝对性的统一，防止理解上的相对主义和绝对主义。

十、从解释学看语文的“交际”功能

“语文是人类最重要的交际工具”，这是《中学语文教学大纲》对语文性质的界定。严格地说，这里的“语文”应该是“语言文字”，因为一般意义上的语文（“语言文学”或“语言文化”）本身即工具的运用。

语言文字的确是交际的工具，而交际是在对文本语言的理解中完成的，因为文本是语言的存在。这里的文本，既指口语文本也指书面文本。

然而长期以来，我们对语文的交际功能却作了狭义的理解，我们谈到交际时，更多的是指同一时空面对面口头交际，似乎交际只是人与人之间面对的交谈。这显然是很不够的。

最近，著名特级教师陈钟梁先生对语文的交际功能提出了新的见解，他认为不能简单地把交际理解为同一时空面对面的交际，今天来谈语文的交际至少还应包括两个方面，一是通过文本同时代的其他人乃至其他民族和国家的人进行交际，比如我们通过《文化苦旅》与余秋雨进行沟通，通过《第三次浪潮》同托夫勒展开交流；二是通过文本与历史对话、与未来对话，比如我们通过阅读《史记》与司马迁对话，所谓“抚摸历史的伤痕”，我们也可以通过自己留下的文本与未来的人对话。

我完全同意陈钟梁先生的观点。在解释学看来，根据时间关系，我们可以把理解分为两类，一是对共时性（即同时空）对象的理解，二是对历时性（即跨时空）对象的理解。听别人讲话，属于对共时性对象的理解，阅读文字作品，属于对历时性对象的理解。这两类理解，在性质上是没有根本区别的，但在理解的难度上有差别，对共时性对象的理解要比对历时性对象的理解困难些。就这两类理解而言，解释学偏重于研究对历时性对象的理解。

同是文本，口头语与书面语有很大的不同。与口头语相比较，书面语时空不受太大的限制，可以长时间和大范围地保存，因此可以面对无限扩大的读者，让思想得到长久而广泛的传播。同时带来一些局限，就是语境模糊，与读者的间距扩大，读者不能直接面对作者，不能提问和讨论，理解比较困难，歧义增多。而超越这些局限，正是阅读教学的任务。

语文“交际”内涵的丰富，将有助于我们重新认识阅读的意义：我们的阅读，绝不仅仅是读文字本身，而是通过文字与古今中外的作者进行

“对话”——读屈原便是与屈原对话，读鲁迅便是与鲁迅对话，读茨威格便是与茨威格对话，读霍金便是与霍金对话……如果这样来理解语文的“交际”功能，我们阅读教学乃至整个语文教育的内涵就要丰富得多，其前景也广阔得多。

我的语文素质教育观

在多年的语文教育实践中，我一直关注并学习当今各位语文教育改革大家的经验，同时也总结清理自己的教学实践。我深深地体会到：不管采用什么语文教学方法或模式，凡成功的语文素质教育，无不体现着民主、科学与个性的教育精神。

“民主、科学与个性”，当然算不上是一个新鲜时髦的提法，而且自“五四”以来，其内涵与外延至今众说纷纭。但是，我这里所理解的与语文素质教育思想相联系的“民主、科学与个性”，却有特定的明确含义。

1. 民主：“让每一个学生都抬起头来走路！”

“素质教育的要义第一是面向全体学生。”（柳斌：《关于素质教育的再思考》）这也是教育民主的真正体现。比起其他学科，语文能力与一个人的日常生活联系更紧密，因而语文教育更是应该面向每一位学生。都说语文是伴随每个人终身的工具，那么，任何一位学生都有权利掌握这个工具；而我们的学生中哪怕有一个人没能较好地掌握好这一工具，作为教师，我们都应该有一种失职感。德高望重的张志公先生去医院看病时，面对连病例都写不通顺的医生曾感到“脸红”：“我搞语文工作搞了什么呀？号称语文工作者，语言教育工作者，我干了什么呀？他们不是天生写不好字、写不好病例的！我们不该好好反思反思吗？”（张志公《迫切需要研究的一些亟待解决的实际问题》）——语文教育家张老先生这令人肃然起敬的自责真该让我们每一位语文教师惭愧！有了这种惭愧，我们在教学中就不会无视学生语文基础的差异而“一刀切”地用高考标准去要求所有学生，就不会仅仅着眼于狠抓“上线生”甚至“高考状元”而放弃我们眼中的“差生”，就不会置多数学生错字连篇、词不达意的实际于不顾而去“精心”培养少数几个“文学新苗”……不管我们所教的学生中，有多少人在这样或那样的语文大赛中获得金牌银牌，如果多数学生连一封信都写不好，那么，这样的语文教学就没有半点民主气息，也绝不是真正的素质教育。

语文素质教育中的“民主”，还意味着教师学生之间在尊严和情感上的平等关系。毋庸讳言，由于种种原因，中国封建专制文化的残余至今还存在于我们不少教育者的头脑中。在师生关系上，一些善良的教师往往不知不觉甚至是“好心”地损害着学生的尊严和感情；在某些语文课堂上，不但没有师生平等交流、共同研讨的民主气氛，反而存在着唯师是从的专制色彩。我认为，虽然就学科知识、专业能力、认识水平来说，教师远在学生之上，但就人格而言，师生之间是天然平等的。民主的教学态度，主要应体现为教师对学生人格的尊重，并且把自己视为与学生一起在求知道路上探索前进的朋友和同志。在语文素质教育的天地中，具有真诚人文情怀和博大民主胸襟的教师，既能与学生朋友般地交流感情——让心灵体贴心灵，用尊严赢得尊严，并以一颗赤诚的童心去感受每一位学生的喜怒哀乐，进而把他们的精神生活引向美好的境界；更能与学生同志式地探求真理——尊重学生发表不同看法的权利，提倡学生与老师展开观点争鸣，鼓励学生公开指正老师的教学错误；还应该让学生参与语文教学管理——训练学生语文学习的自我管理能力，师生共同遵守有关教学要求，甚至要求学生做到的教师首先应该做到，让学生对语文教学有建议、监督与评价的权利。

通过民主的语文教育实践，教师所收获的是教学的不断完善以及教学质量理所当然地大面积提高；而学生的收获，除了终身受用的语文素养，还有平等观念、民主意识的日益增强——而这正是素质教育所要培养的三个意识之一。（柳斌：《关于素质教育的再思考》）。需要特别指出的是，教师面向全体学生并尊重每一个学生的精神世界，绝不是教育者居高临下的“亲切关怀”或者是为了达到某种教育效果而故作姿态的“教学艺术设计”，而是教师民主精神与教育人道主义的真诚流露：“让每一个学生都抬起头来走路！”（苏霍姆林斯基：《关于和谐的教育的一些想法》）

2. 科学：“‘教’都是为了达到用不着‘教’。”

所谓“科学”，通俗地说，就是符合客观规律。我们讲语文素质教育的科学，就是指语文教学应符合语文自身的学科规律，同时又符合学生学习语文的认识规律。这样说当然不是无的放矢——多少年来，我们的语文教学在“科学”的旗号下，做了不少违反语文教育科学的事：追求语文知识体系如数理化一般的逻辑框架，无视语文教材的人文性而力图进行“客观”的理性“分析”（肢解），“标准化考试”使教师及学生投入相当多的精力进行猜谜似的“模拟训练”……对语文教育的“科学”，也有这样“论”，那样“观”，还有“性”、“法”、“式”等等说法。其实，真理总是朴素的——叶圣陶先生一句“‘教’都是为了达到用不着‘教’”（叶圣陶：《大力研究语文教学，尽快改进语文教学》），便道出了语文教育的科学精髓：“教”，着眼于教师的教育过程符合学科规律；“用不着教”，着眼于学生的学习过程符合认知规律——二者统一于知识与能力的有效转化：“自能读书，不待老师讲；自能作文，不待老师改。老师之训练必作到此两点，乃为教学之成功。”（叶圣陶：《语文教育书简》）可以设想，叶老所期待的境界一旦达到，我们的学生将会有怎样优秀的素质！

关于语文教学应符合学科自身什么样的性质特点，近来不少专家有许多精辟的见解，我倾向于“工具性”与“人文性”的有机统一。这二者都关系到学生的综合素质——未来的社会适应和人生境界。另外，科学的教学观有赖于民主的学生观。我们许多老师总是急于学习那些优秀语文教师的教学方法，可是往往画虎成猫，不得要领。须知科学的教育方法不过是民主的教育思想的体现——视学生为具有独立人格和主观能动性的人，就必然会在教学中尊重学生的心灵，遵循学生的认知规律，以开发学生的认识潜能并引导其形成语文能力、提高其综合素质为己任。教育者确立了这样的思想，具体的教学方法以至流派完全可以也应该不拘一格乃至百花齐放。比如：同样是教一篇《七根火柴》，钱梦龙老师可能是以“三主”为特色的导读，魏书生老师可能是以“六步法”引导学生自学，于漪老师可能是以“点、线、面、体”的立体化、网络化课堂教学结构去感染、调动学生主动参与教学，宁鸿彬老师则可能以“八字四性”的教学模式训练和发展学生的创造性思维……他们的教学风格迥异，但都能有效地提高学生的语文素质。更重要的是，学生离开了他们，都能在社会生活中继续学习语文知识并自觉运用语文能力。许多成功的语文教改专家的实践已经证明，凡是符合学生认知规律并且着眼于学生自学能力形成的语文教学，必然既是民主的，也是真正科学的。

3. 个性："每个人的自由发展是一切人自由发展的条件。"

柳斌同志在谈到素质教育时曾说：教育"为社会发展服务主要是通过为每个人的个性发展服务来实现的"（柳斌：《关于素质教育的再思考》）。正在审定中的语文教学新大纲也第一次提出了"发展个性和特长"的教学目的。我认为，这是我国教育观念上一个了不起的进步。如果我们承认语文学科的人文性，那么我们就理应在语文素质教学中培养学生鲜明的个性。

但是，长期以来，"个性"一词因往往容易使人联想到"极端个人主义"而声誉不佳。其实，早在1944年，毛泽东同志致秦邦宪的信中就讲过："被束缚的个性如不得解放，就没有民主主义，也就没有社会主义。"（《毛泽东书信选》）更早一些，在著名的《共产党宣言》中，马克思、恩格斯就已用"人的自由发展"来说明共产主义革命的最终目的："在那里，每个人的自由发展是一切人自由发展的条件。"（马克思、恩格斯：《共产党宣言》）今天，面向未来的社会主义中国更是明确要求我们培养千百万"不断追求新知，具有独立思考、勇于创造的科学精神"的社会主义现代化建设人才（《中共中央关于教育体制改革的决定》）。我们这里所说的"发展个性"，不仅仅是指"因材施教"之类的教学方法，更主要的是着眼于发现并发展学生在禀赋、气质、兴趣、情感、思维等方面的潜在资质，尊重学生的心灵自由和精神世界的独特性，同时鼓励学生思考的批判性、思维的独特性和思想的创造性。既然“一千个读者便有一千个哈姆雷特”，那为什么我们要求学生对课文的主题思想、人物形象只能有一种理解呢？既然大自然是丰富多彩而又千变万化的，那为什么到了我们学生的作文里却只有千篇一律杨朔式“欲扬先抑”的“托物咏志”呢？马克思曾抨击普鲁士的书报检查令：“每一滴露水在太阳照耀下都闪烁着无穷无尽的色彩。但是精神的太阳，无论它照耀着多少个体，无论它照耀着什么事物，却只准产生一种色彩，就是官方的色彩！”（马克思：《评普鲁士最近的书报检查令》）遗憾的是，当我们孜孜以求学生高考时的“保险文”、“保险分”时，他们本来最具青春活力的精神花朵却统统涂抹上了教师的色彩！学校不是工厂，学生不是产品；工厂产出标准化的产品，是其生产的成功；而学校若培养出模式化的“人才”，却是教育的失败！

语文素质教育发展学生的个性，主要体现为培养学生的创造能力。我们应该通过每一篇课文的教学，每一回作文的训练以及每一次语文活动的开展，引导、鼓励学生发表正确而又新颖独特的见解、构思或创意。在这方面，宁鸿彬老师的语文教育创造性思维训练取得了较为突出的成效。特别令人称道的是，宁老师向学生明确提出的语文课“三·三”原则，即“三不迷信”（不迷信古人，不迷信名家，不迷信教师）、“三欢迎”（欢迎上课随时质疑，欢迎发表与教材不同的意见，欢迎实验老师的观点）和“三允许”（允许出错，允许改正，允许保留不同意见）。宁老师以及其他优秀语文教师的成功实践已经证明，比起充满公式、定理的数理化，语文教学在培养学生鲜明个性方面更具广阔的天地。

民主、科学与个性，当然不是彼此孤立而是紧密联系甚至互相渗透的，而且，还应特别强调的是，培养学生民主、科学与个性素质的前提是教育者本人就应该有强烈的民主意识、饱满的科学精神和鲜明的个性人格。离开了这一点，语文素质教育无异于纸上谈兵。

“素质教育”绝不是时髦动听的理论口号，而是迫在眉睫的现实需要。随着冷战的结束，世界进入了一个科技竞争和经济竞争非常激烈的时期，而各种国际竞争的背后，归根到底还是国民素质的竞争。我国要走向现代化，最大的障碍不是资源问题、资金问题，也不是技术和设备问题，而是人的素质问题——不但是科技素质，而且还包括人文素质。在这方面，语文教育直接承担着特别的使命，因为“语文教育是提高全民族素质的奠基工程”（顾黄初：《我的语文教育观》）。如果说，20世纪初“科学与民主”的启蒙号角唤醒了国人的民族救亡意识，并终于赢得了一个独立自由的人民共和国，那么，这世纪之交的“素质教育”宏伟工程，必将全面提高中华民族的国际竞争能力，最终迎来一个更加繁荣更加民主的东方强国。每一位有责任心和使命感的语文教育工作者，理应为此不懈探索，不断创新，以回答21世纪的热切呼唤！

PART2

第二辑　读出教学本质

我们更有责任引导我们的学生在正视（而不是回避）眼前假恶丑的同时，心中燃烧着向往真善美的理想之火，进而产生一种真诚的责任感：让这个世界因我的存在而更加美好！拥有这种美好情怀的学生，一定能写出同样真实而又善良美丽的文字。

你凭什么要我“必读”

到书店转转，我们会发现各类“必读书”充斥于书架上：“小学生必读书目”、“中学生必读书目”、“大学生必读书目”、“青年必读书目”、“教师必读书目”……

什么叫“必读”？当然是“必须读”。

开列书目的专家们，无非是想在这信息爆炸的时代，把最精华的人类文明结晶介绍给读者。但是为什么要“必读”？

阅读作为一种个性化的心智活动，是不应该被强行统一的。当然，一些经过历史浪涛冲刷的精神产品，应该被一代又一代人传承，可这种传承应该是一种自觉的行为，而非用“必读”来强制。这种自觉的选择，首先应该是建立在尽可能广泛的阅读基础之上，而不仅仅是少数所谓“必读书目”。只有经过自己大脑的比较、鉴别、欣赏、批判，所得到的才真正是文明精华。

有人说，中小学生还不成熟，鉴别能力不强，为什么不可以给他们指定“必读书目”，引导他们直接面对人类经典，让他们少走弯路呢？

引导当然是需要的，但这种引导应该体现在教师和学生一起读书，一起讨论，一起交流，而不是简单地开个“必读书目”了事。更何况现在的必读书目都已经绑在“应试教育”的战车上了，在繁重的功课压力下，学生们对各种强制已经非常逆反——请到现在的中学去问问，有几个学生真正喜欢“必读书目”的？“必读”的强制，让阅读丧失了本来应该有的心灵愉悦，唯一的“好处”，是使阅读经典成了难得的“商机”——围绕“必读书目”的各种“导读”、“训练”读物随之滚滚而来！

各种“必读书目”的制订者们无一不打着新课程改革的旗号，但他们似乎忘记了语文新课程标准的基本理念之一便是“构建共同基础与多样选择相统一的语文课程”。阅读当然也需要“共同基础”，即让学生自觉走向经典走近大师；但阅读同样需要“多样选择”，即尊重学生的阅读兴趣，鼓励充满个性的阅读：文学、历史、政论、科普、传记……都应该允许不同的学生根据自己的不同爱好去选择。岂能用一个“必读书目”将多元阅读定于一尊？

还有一个问题不容回避：“必读”——如此不容置疑的命令，谁有资格下？

当然是各类“专家”。他们坐在书斋里，开列一串串书单，然后写出一篇篇导读，居高临下地“教导”我们要这样不要那样……凭着专家的身份指手画脚，用自己的阅读爱好取代别人的阅读兴趣，甚至用“必读书目”的名义把自己的审美观和阅读观强加于人——这是不是另一种形式的“思想专制”呢？

“难道就不应该给成长中的学生开些书目吗？”有人也许会问。

当然可以！但请不要用“必读书目”这样充满霸气的话语，能不能用一个充满尊重、协商的词——“推荐”？

话说“借班上课”

自从1998年5月天津赛课讲《在马克思墓前的讲话》“败北”，我对公开课开始了反思。

我把公开课分为两类：一类是研究性的实事求是的公开课，一类是表演性的弄虚作假的“公开课”。为了表述简洁，我把后一类“公开课”加上引号——迄今为止我所抨击的都是这样的“公开课”。而对前一类公开课，我并不反对。

反思的结论之一是：我不适合于上“公开课”。于是我下决心以后不上“公开课”了，但由于种种原因，有时又不得不上。怎么办？我给自己订了个规矩也作为给邀请单位的条件：不上阅读课，只上作文课。

为什么我会这样呢？这首先得从“借班上课”说起。

成功教学的基本前提之一，是教师对学生的了解。如果是在本班上课，一般来说这是不成问题的。但如果是“借班上课”，至少我很难在课堂上与素不相识的学生“水乳交融”。我原来也上过这样的课，而且评价还不错。但我清楚：不管我在课堂上多么“机智”，最后都是想方设法把学生置于自己的思想框架之内；学生不管在课堂上多么热闹，显得多么有

"主体性"，其实他们或多或少或明显或隐约地都成了我表演的道具。

但这也怪不得我。试想：连"知己知彼"（在教学上就是师生互相了解）这个起码的要求都达不到——我们从参加教育工作第一次备课起就被告知必须"备"学生（这个学生可不是抽象的整体，而是具体的个体）——教师怎么能上课？但这课又必须上，那当然就只有由教师制订一个比较完美而又巧妙（即看不出痕迹）的教学框架，包括设计一系列"问题"等等。在这样的课堂上，教师不得不已经提前做好了"预制板"，于是教师完全掌握了学生思维的主动权，"以不变应万变"，当然"游刃有余"。

因此，我一直腹诽"借班上课"。

我丝毫不怀疑的确有真正高明的教师，能够借班上出真实的好课——这样的课，我是听过的。但我完全没有那种能力和教学艺术，在事前一点不了解学生阅读基础的情况下进行一堂真正有效的课堂阅读教学，对我来说，难于上青天！

于是，每当我不得不上公开课时，我便选择作文教学。

按理，至少对我来说，作文教学公开课比阅读教学公开课更难上。因为如果进行阅读教学，我可以拿一篇课文来闭门造车地准备。如果某篇课文上熟了，我可以拿着这篇课文"走南闯北"，根本用不着备课。而作文教学不然，我必须得了解学生的写作水平，这样上起来才有针对性。尽管上作文公开课比上阅读公开课难，但我又认为，就事前了解学生而言，作文公开课有一点比阅读课强，这就是我可以事先通过阅读学生的作文了解学生的写作情况。因此，每次我借班上公开课，我都要让对方单位提前请当地参加公开课的学生写好作文给我寄来。然后，我至少要花整整两天时间对每篇作文进行批改和研究，大到学生整体的谋篇布局，小到作文的一个错误标点。这样一来，我可以自信地说，我对该班学生的写作状况就有了比较感性的了解，尽管学生没有见过面，但他们对我来说已经不陌生——每次去上课前，班上绝大多数学生的名字我都能说出来。

这里得补充说说我平时在班上的作文教学。我的作文教学十年前就形成了一套比较稳定的“程序”，总的原则是最大程度地鼓励学生并最大面积地让学生参与，同时，师生共同研讨写作规律。另外，为了让作文教学对学生比较有吸引力，我对课堂进行了一定的包装，每次作文课都由10来个小板块组成：“榜上有名”、“佳作亮相”、“片断欣赏”、“咬文嚼字”、“出谋划策”、“教师试笔”、“昨夜星辰”等等。当然，由于每次的作文题目不一样，所以每次评讲课的具体板块也不完全一样；更重要的是，因为每次学生作文的情况不完全一样，课堂上学生的随机活动也不一样，因此，对学生而言，每次作文课都充满了“悬念”。2000年4月，我去陕西师大参加骨干教师培训前，上的最后一堂课是作文评讲课。我至今记得当时我一抱着作文本走进教室，学生就欢呼起来：“呀，又是作文课！”学生过节一般高兴的表情，是他们对我最好的褒奖。

回头再说“借班上课”的作文公开课。如同在我班一样，我也有相应稳定的“程序”，但课堂状况不可能完全一样，因为学生不一样，写作水平不一样，我的引导也不完全一样，有时为了临时出现的新情况，我不得不将就学生而增加或取消一些环节。最近两次作文公开课，我都以高一教材的作文第一单元“用心感受生活”为写作内容布置作文然后进行评讲，但由于学生的写作总是充满个性色彩，因此我必须根据学生的情况做相应的调整，以体现出针对性。

其实我知道，真正意义上的公开课是不可能取消，也不应该取消的。当务之急，是考虑如何改进。而且我也知道，既然有公开课，就免不了要

“借班上课”。但是我又想，我们能不能按“借班上课”的特殊性来评价公开课，以尽量避免公开课中出现的虚假现象呢？比如，能不能允许公开课“冷场”呢？能不能允许公开课上没有学生主动发言？能不能允许公开课上教师讲得多一些？能不能允许公开课上教师不慎失误？能不能允许公开课没有“完整性”？能不能允许公开课上没有“高潮”？能不能允许公开课“平平淡淡”一些？等等。

如果这样，可能公开课会真实一些，至少我将不那么怕“借班上课”。

作文呼唤真善美

前不久《南方周末》整版说了中小学生在作文中说谎的事。我深有同感。我是在“文革”中成长起来的一代，那时候中小学作文的情况比报道中说的更厉害：“革命”、“斗争”、“毛主席革命路线”、“阶级斗争”、“消灭帝修反”（我在敲“帝修反”这个短语的时候，输入法都没有这个词）、“解放全人类”等等都是我和我同学作文中的常用短语。但这其实大部分都是假大空的虚话。

我教语文近三十年，不敢说我的学生就绝对没有说过假话，但至少我一直力图在作文教学中追求真情实感的自然表达。在1999年出版的《从批判走向建设》一书中，我记载了我批评学生作文中假话套话连篇的现象。

我每接一个新班，都要为纠正学生作文中的公式化、假话、套话费很大的气力。有时，全班学生交来作文几乎就是一个人写的！有一年，我批评学生时，忍不住质问他们：“看着你们升学考试的语文分数都那么高，那么作文水平肯定也是很不错的。但怎么会这样？”学生们回答说：“毕业考试前老师让我们仿照课文分别写了记人、记事、搞活动等好几篇作文，然后给我们仔细修改好，最后让我们把这几篇作文背熟，一到考试时就默写作文，当然能得高分啦！”

许多教师都说，这是现在“应试教育”背景下普遍存在的一个令人忧虑而又让人无奈的现象。

这样说当然不错，但我认为，还不能仅仅归咎于“应试教育”。问题的实质在于，整个国家弥散着假话和套话，人们失去了说真话的权利进而也就失去了说真话的勇气，甚至到最后连说真话的意识都没有了！没有了思想自由，必然鹦鹉学舌。这反映在教育上，便是阅读教学中的“思想一律”和作文训练中的“假话盛行”！

改革开放以来，极“左”路线的镣铐被砸碎；但是，历史的惯性远没有消失，极“左”的思维方式或多或少地还残存于一些教育者的头脑中，因而，教育中的种种弄虚作假现象至今仍未绝迹——其实，哪里又仅仅是“教育中的种种弄虚作假”呢！

当我看到不少学生因此而形成了心灵扭曲的双重人格时，我往往不寒而栗：也许我们在津津乐道于培养了许多擅长“编作文”的“写作尖子”时，学生的童心已经锈迹斑斑了！

然而，现在许多中学生（小学生我不熟悉，不敢妄加评论）的写作似乎已经呈现出了另一种形态的让我忧虑的“真实”。我想到了2003年我曾担任《华西都市报》首届“真性情”作文大赛评委时读到的最后入围的120篇作文。七年过去了，我对作文中的某些“真实”至今还留有很深的印象。应该说，最后进入决赛的120篇作文无论是思想内容还是写作技巧，总体上都达到了很高的水平。但也有少数作文让我和其他评委感到吃惊和不安。

这是一些什么样的入围作文呢？如果就文字表达而言，文中的语言技巧相当老练；但作文本身却呈现出一种灰暗和玩世不恭：想做职业杀手、想方设法欺骗父母甚至报复父母、捉弄男人、三角恋、偷情怀孕……这是不少参赛作者用娴熟的文字技巧所表现的主题。当时我在阅卷过程中，随手从几篇作文中摘抄了一些句子：“我崇拜鲜血。”“我将一个啤酒瓶砸碎，然后插进他的口腔插进他的喉咙。”“生活就像是被强奸，如果不能反抗就试着去享受吧！”“用的是那种男人特有的低伏的男音，一种让任何女人都心碎的声音。”“寒潮如尿水泄入尿缸般拥进了四川盆地，同时将爱情挤了出去。”……

我不知道这些作文是否真实反映了少年作者们的真情实感。如果仅仅是赛场上面对题目所写的虚构故事而并非孩子们心灵的真实写照，似乎可以让人欣慰：毕竟这是文字游戏；但尽管如此，我还是不得不为孩子们如此“成熟”的构思如此“放肆”的想象感到不安，毕竟在该做梦的年龄，心灵世界是不应该如此灰暗的。

当然，也许这并非文字游戏而真是少年作者们真实的思想感情，只是平时在学校的作文中，他们不太愿意将这些真情实感写进交给老师的作文中，而现在他们通过密封式的作文大赛将自己心中积蓄已久的对社会对生活的种种感受无拘无束地倾泻了出来。面对着“超真实”的文字，我们似乎不应该责怪孩子们——这是孩子们对周围世界真实的感受，难道说真话写真事抒真情有错吗？

这里引出一个不容回避的问题：作文的最高境界难道仅仅是一个“真”字？

固然，相对于在作文中言不由衷地说些庄严的大话套话，孩子们能够写出自己的真实感受，这是一个进步；但是，对于不太成熟而正在走向成熟的孩子，我们的引导难道仅仅停留于“真与假”的事实判断？还需不需要有更高层次的“善与恶”“美与丑”的价值导向？“真”如何与“善”与“美”和谐统一？难道“真”与“善”与“美”是对立的吗？十七岁的马克思，能够写出视野开阔的《青年在选择职业时的考虑》，学子毛泽东能够写出气势恢宏的《商鞅徙木立信论》这样豪迈的论文，青年巴金哪怕在切齿诅咒封建大家庭灭亡的同时也没有丧失对光明的热切向往……试问，现在我们有多少这样的“书生意气”，有多少这样的“激扬文字”？我们当然不能要求所有学生都是马克思、毛泽东和巴金，但如果我们的学生作文中充斥着王朔式的“我是流氓我怕谁”，以为这便是“率真”——“真”倒是“真”了，但这对渴望崛起的中华民族来将意味着什么？

理想的教育既要避免“伪圣化”的思想专制，又要将人类文明的精神成果注入孩子们需要滋养的心灵：善良、正义、忠诚、气节、民主、自由、平等、博爱、宽容、人权、公正……真善美的和谐统一，是人类永恒的追求。这个世界当然有凶杀、有欺骗，也有三角恋和偷情怀孕，但我们有责任告诉孩子们，这个世界不仅仅有凶杀、欺骗、三角恋和偷情怀孕，我们更有责任引导我们的学生在正视（而不是回避）眼前假恶丑的同时，心中燃烧着向往真善美的理想之火，进而产生一种真诚的责任感：让这个世界因我的存在而更加美好！拥有这种美好情怀的学生，一定能写出同样真实而又善良美丽的文字。

我期待着。

“华丽”与“朴实”

从来就没有脱离内容的纯粹的语言，这应该是常识。因此，说“华丽”或“朴实”仅仅是对语言的评价，我认为是片面的。即使是纯粹的语言训练，也不仅仅是遣词造句，而是包括了思想感情。这里当然就有了真实与虚假之分。我非常赞同有位老师所说：“不要用成年人的标准评价中小学生的写作。”是的，我们不能要求孩子写的文章内容多么深刻，语言多么成熟。但即使如此，我们在指导学生写作时，作文与做人的统一依然是重要的标准，这个标准我认为不能因是成人或孩子而有所区别。从这个意义上，我不同意孩子的写作“形式要比内容重要得多，或者说，‘怎么写’比‘写什么’重要得多”的观点。

孤立地看“华丽”这个词，应该说并不含贬义。《现代汉语词典》对这个词的解释是美丽而有光彩。“语言华丽”这个短语本身也不带有贬义——语言美丽而有光彩有什么不好呢？但放在对中小学生作文中语言评价的情景中，“华丽”似乎带上了贬义的色彩。但是，这里的“贬”，绝不仅仅是对“语言”的贬，同时也是对“内容”的贬。通常只有那些虚情假意而做作的语言，才被批评为“华丽”，而抒发真情实感的文字，无论多么“华丽”都不叫“华丽”，而叫“优美”“生动”“形象”“凝练”。换句话说，这里所谓的“华丽”已经不是词典上那个意思了，是特指华而不实的文风，而不仅仅是文字表达能力。同样，“朴实”也不仅仅是指语言表达，也包括了内容，指的也是一种文风。至少在我和我周围的中学语文教师，从来不会把内容实在但语言干瘪苍白乏味的文章称作“朴实”。总之，所有文质兼美的文章都是好文章，无论其风格“华丽”或“朴实”。

当然，中学生在习作的过程中，语言生搬硬套、堆砌辞藻是难免的。有老师说得好极了：“中小学生在学习使用语言的过程中，误用错用的现象肯定会经常发生，不要紧，用多了，用熟了，自然慢慢就会找到语感，不用是永远也找不到语感的。”我把学生作文中的字词错误视为写作成长中的“青春痘”。同样，哪怕是有了真情实感，也有个如何表达得更准确更得体更生动更有感染力的问题。是的，许多作家初学写作时都要对对子，或者背诵足够数量的古典诗文，也有仿写的阶段，但这与我们通常批评的华丽文风是两码子事。还有老师说：“一个学生，在其学习阶段，只有在无数的写作练习中反复使用所学过的各种词语，反复引用所学过的诗词文赋，反复运用所学过的各种修辞手法，反复使用各种句式，他才有可能真正掌握这些语言知识，并把这些语言知识转化成为语言技能。”这话完全正确，但这个练习或者说训练绝不是所谓“华丽”！

再重申一遍，中小学作文教学中所反对的华丽和提倡的朴实都特指的是一种文风，而不是文字。而我们现在之所以要提倡朴实的文风反对华丽的文风，当然是有的放矢的。不是说语言技巧不重要，但比语言技巧更重要的，是思想感情。纵观现在一些学生的作文，究竟是语言的问题更多呢，还是内容的问题更多？十年前，我曾在批阅新一届初一学生作文时，看到有一位学生这样写开学第一次升旗仪式："……随着一轮冉冉升起的红日，鲜艳的国旗也徐徐升起……望着那迎风招展的红旗，我眼前浮现出董存瑞、黄继光、江雪琴等无数先烈的形象……我又想起了红领巾是国旗的一角，是革命先烈的鲜血染红的……我一定要……"这篇作文的立意，当然是好的，而且这篇作文的文采也不错的——算得上"华丽"吧？但我却在作文后面批道："请问：那天早上阴云密布，何来'冉冉升起的红日'？又请问：你不停地想董存瑞、江雪琴，又哪有时间认真聆听校长讲的新学期要求呢？"这位同学开始还颇感委屈："我这是写作文嘛！"我说："作文只有'真'，才会'善'和'美'！"

在这种背景下，我们能够仅仅是对孩子进行所谓纯粹的语言技巧训练吗？

判定一个班学生写作水平的高低，我认为至少应从四个方面来考虑：一是大多数学生的写作内容——是不是源于自己的生活，是不是表达了真正发自内心的真情实感？二是大多数学生的写作兴趣——一听说写作文，学生是高兴甚至兴奋呢，还是愁眉苦脸？三是大多数学生的写作创新——是人云亦云而只会"克隆"课文呢，还是展示个性以写出富有新意的作文？四是大多数学生修改文章的能力——是否不需要老师的"通篇见红"就能自己发现自己作文中的毛病，并予以修改？

注意，我这里不厌其烦强调是"大多数学生"，这就排除了教师以少数几个写作尖子来"证明"其作文教学"卓有成效"的可能。如果以上观点能够基本成立，那么，对照现在的作文教学现状，恐怕我们是很难乐观的。

我不打算详尽展开上述四条标准，这里我只想谈谈我是如何对中学生作文的思想和语言进行引导和指导的。

教师应该给学生作文以思想个性和感情自由。不要误会我主张教师放弃对学生的思想教育；不，我认为教育的前提是尊重和信任，而且在这个基础上的教育应是教师对学生的人格感染、情感熏陶和思想引导，而非空洞的说教。就作文教学而言，尊重学生的思想感情，就是尊重学生作为“人”的心灵世界。如果我们对自己一手培养起来的少先队员、共青团员们都不信任，生怕他们的作文中思想“越轨”、感情“失控”，那么，我们的教育就太虚弱太苍白了。

教师要解除学生作文的种种心理束缚，告诉他们：“真实”，是作文的生命；作文就是“我手写我口”！同时，教师更要具备一种宽容的民主胸襟：对学生作文中积极向上、体现时代主旋律的思想感情，当然要热情鼓励并大力提倡；而对学生作文中流露出来的一些幼稚的想法，甚至消极的情绪，也应当予以理解和尊重。要知道，学生愿意向教师敞开心扉，这是对教师的一种难能可贵的信任啊！所有“真实的消极”都比任何“虚假的积极”珍贵一百倍。当你不能容忍学生作文中的任何“灰色”时，你便把学生的真诚永远地拒之门外了。对于成长中的学生，出现一些糊涂的认识是正常的、真实的，相反，如果学生作文中全是清一色的“正确思想”、“健康感情”那才是反常的、虚假的。作为教育者，当然有教育的责任，但如果我们不许学生写真情实感，那么，我们就失去了教育的针对性——学生的思想感情个个都是那么“令人欣慰和骄傲”，你“教育”谁去？

每教一个班，我都向学生宣布：“作文无禁区！只要是写的是真情实感，只要说的是真话，李老师都非常欢迎！”因此，我可以说，我的学生拥有一种“写作安全感”。在作文、日记或其他课外练笔中，他们什么都可以写，什么都可以对我说。就以本学期我收看的学生随笔本为例：有对班级生活的描写，有对高尚同学的赞美，有对成都市市容变化的好评，也有对某些献爱心捐款的不同看法，有对我工作的尖锐意见，甚至还有对伊朗核问题的评论……总之，不拘一格，畅所欲言。

思想感情不过是生活的反映，因此尊重学生的思想感情就应允许学生写他们自己的真实生活。但是现在我们常常听见学生抱怨："我们的生活多么枯燥啊！哪有什么值得观察的内容？"以为只有"感人肺腑的""终生难忘的""惊天动地的""曲折惊险的""大事"才能够进入我们的作文，这无疑是同学们长期以来作文过程中的一个误区。奇怪的是一些教师和家长也这样为中学生"鸣不平"："唉！现在的学生从家到学校，除了上课就是作业，怎么写得出好作文嘛！"

作为长期从事中学语文教学的教师，我对这种似是而非的说法，从来都是坚决反对的。学生作文，不过就是写自己的所想所见所闻，写自己每天耳闻目睹所熟悉的一切。难道非得深入工厂参观大中型国有企业改革，或走向田野考察农村家庭承包责任制现状，学生才写得出好作文吗？

所以，我们要反对作文教学中的"题材决定论"，学生能够在作文中真实自然地反映更广阔的社会内容当然很好，但学生作文首先是他们生活的镜子，而不是时代的橱窗。我经常对我的学生说："只要同学们忠实于自己的心灵和生活，写作素材就会源源不断地流向笔端。"在作文教学中，我往往引导学生从这样几个方面打开自己心灵的闸门、开掘生活的素材——

自己的情感：油然而生的欢乐，抑制不住的兴奋，热泪盈眶的感动，挥之不去的惆怅……自己的思想：别具慧眼的见解，刨根问底的质疑，社会现实的忧虑，人生道路的迷惑……自己的校园：风采迥异的老师，性格不同的同学，休戚与共的小组，色彩缤纷的班级……一缕飞扬的思绪，一声由衷的慨叹，一句温暖的问候，一次有趣的对话，一场激烈的争鸣，一簇思想的火花，一份纯真的友情……都可以成为学生笔下一道道独具魅力的心灵风景和一幅幅别有情趣的生活画面！

而且，我告诉学生，只要忠于自己的生活和心灵，任何陈旧的作文题都可以写出好文章，因为任何一个人的生活和心灵都是独一无二的。我曾多次以“我和我的班级”为题布置学生写自己身边的生活，面对这个“老掉牙”的作文题，我的每一个学生都从自己的视角写出了班级的某一个侧面和自己的独特感受：《黑板报前的故事》、《当车胎破了以后》、《童心比面包更芬芳》、《语文课上的歌声》、《班长哭了》、《溜冰之趣》、《一根二极管的故事》、《借笔》、《我们的课间十分钟》、《雨中那火热的心》……虽然学生们每天都生活在一个看似平凡的班集体，但因为他们随时都用心去感受身边的一切，他们也就因此拥有了取之不尽的写作素材。

有了真实的思想感情，才谈得上得体的语言。注意，对中学生作文的语言，我这里首先没有说“生动”“形象”而是“得体”。至少在我的语文教学经历中，常常感到一些学生老是用想象取代观察，用模仿取代创新——注意，我不反对习作过程中的想象和模仿，我反对的是“老是”。有些学生的语言或者说句式表面上看，似乎很有“想象力”，其实一点想象力都没有，因为几乎全是对现成套话的“盗版”“复制”。关于想象力，我还有话说，并想介绍我的一个作文训练案例。写作中的想象力当然是可贵的，但想象力的滥用却是目前中学生作文中的通病之一：想当然的比喻句取代了对自然对生活的细心观察和准确描写。为了纠正这种偏向，我曾带领学生进行了一次忠于生活、再现自然的室外作文训练活动。

我先给学生朗读了屠格涅夫的散文诗《村》，这篇描写19世纪俄罗斯乡村景色的美文，深深打动了学生们的心。我紧接着向学生们分析，这篇散文诗的特点实际上就是八个字——“描摹自然，朴素即美”。作品从天空、气息，写到田野、农舍，再写到人的活动，语言洗练质朴，几乎没有什么比喻和其他修饰语，而是白描式地写生，却让读者身临其境，如见其景。我又让学生背诵孟浩然的《过故人庄》，并比较分析后得出结论：凡出色的写景文字，无不是寓情于景，自然朴素。

然后，我对学生们说：“其实，这样的文字你们也能写，因为大家都有着热爱美的心灵和捕捉美的眼睛。现在，正是阳春三月，我们一起到府南河边去吧！去感受春光，沐浴春风，描绘春色——不用空洞的想象和华丽的辞藻，只需细心地观察和真切地描摹。你们笔下，也会出现屠格涅夫和孟浩然那样朴素优美的文字！”学生们跃跃欲试，于是，我和学生们来到我们曾一起种下小树的府南河边。

在河两岸，我们在徜徉、嬉戏中观察、感受春天府南河的特点：天空是怎样的？河水是怎样的？银杏和女贞的树叶分别是什么颜色？河水和小草分别是什么气息？还有河岸护栏的造型和石柱上的图案、未完工的河畔石凳以及民工敲凿石头的声音……离开府南河时，我和学生们约定：“李老师和你们一起写这篇文章，看我们谁写得更好！”

回到学校，学生们立即投入了写作。一节课后，学生全部交上作文。我也认真地写了一篇《春天素描》。两天后，我看完了学生作文后在班上讲评时，把屠格涅夫的《村》和我写的《春天素描》草稿和定稿同时印发学生。我在评点学生作文的同时，着重向学生讲了我写作、修改《春天素描》的全过程，提醒学生们在作文时，应追求真实、朴素、自然。然后，我布置学生根据评讲，重新修改自己的作文。

学生修改后交上的作文，大部分达到了我的要求，整体水平有了很大提高。不光是内容真切，而且学生观察细腻，描摹自然景物的语言也非常细致贴切。我从中选了几篇佳作在班上念，学生们都认为达到甚至超过了李老师的文章。看到学生作文水平的提高，回顾这次作文训练活动的经历，我由衷地欣慰，并情不自禁地想到巴金老人关于写作的一句话：“文学的最高技巧，就是不讲技巧。”当然不能用巴金的标准去要求学生，但是我们的作文训练应该让孩子们明白：“内容第一，技巧第二。”语文教师的责任，正在于引导学生具备发现生活忠于心灵的“最高技巧”，然后“不讲技巧”地再现生活表达心灵。

这样的作文训练，哪里仅仅是一个“华丽”或“朴实”所能够概括的？

读到“自己”，读出“问题”

也许不会有人否认，真正的阅读是一个心灵激荡的过程——用眼下比较时尚的术语说，叫作“生命的体验”。但现在的学生是否体验到阅读的精神愉悦呢？我的一位高一新生在一次关于语文阅读教学的问卷调查中这样写道：“我喜欢自己读朱自清，但不喜欢老师讲朱自清。因为我自己读《背影》，读到的是我父亲的背影，而听老师讲《背影》，我得到的只是一些所谓的‘关键词’‘关键句’而已。”对于中学语文阅读教学，专家学者们提出了许多很精辟的理论。在这里，我想问一个朴素的问题：我们的阅读教学，怎样才算是走进了学生的心灵？

如果要从理论上深入探讨这个问题，我们可以洋洋洒洒写出许多的论著，但朴实无华的真理总是源于生活实践而不是来自纯“理论”的逻辑推导。这里，我一点没有蔑视理论的意思，而只是希望我们的思考能够返璞归真，回到生活的起点。具体说，我想从自己阅读的切身体会谈起。回忆我自己的阅读，每当我感到心潮起伏的时候，往往不外乎两个原因：要么是从作品中读到了“自己”，要么是从作品中读出了“问题”。前者如我曾经读过的《把整个心灵献给孩子》，我由苏霍姆林斯基所描述的充满诗意的教育故事以及他所揭示的教育那纯真、纯正、纯净的人性之美，想到自己每一天平凡而同样美丽的教育实践，进而心潮起伏，难以自已；后者如我正在拜读的《“教育学视界”辨析》，作者陈桂生教授对许多人们习以为常的教育“常识”、“公理”提出的质疑，敲打着我的心房，使我对作者的质疑以及其他一些教育“常识”也投去质疑的目光，以至放下该书后我那被作者点燃的思想火把还在继续燃烧。这种伴随着感情流淌或思想飞扬的阅读，才是真正深入心灵的阅读；而作为语文教师，我们为什么不让学生也能享受如此心旷神怡的阅读呢？

我认为，语文阅读教学要走进学生心灵，就应该引导学生与作者对话，帮助学生寻找并打开进入作者心灵世界的精神通道，让学生通过文本与作者交流感情或碰撞思想——读到“自己”或读出“问题”。

先说“读到‘自己’”。这里的“读到‘自己’”，指的是通过阅读文本而情不自禁地联想到自己相似的情感、自己熟悉的生活、自己所处的社会或自己正经历的时代，进而与作者产生心灵的共鸣。任何一部经典作品（当然包括语文教材中的课文），不管其时空距离与我们有多么遥远，它之所以能够流传至今，主要原因是因为它凝聚着人类某些方面共同的思想感情或精神品质，它是属于全人类的同时也是属于每一个读者的；换句话说，面对同一部经典作品，不同时代不同民族的每一个读者都可以从中捕捉到属于自己的那一根思想感情的“琴弦”。所谓“读《三国》流泪，替古人担心”就是这个道理，周恩来曾给英国朋友解释《梁山伯与祝英台》是中国版的《罗密欧与朱丽叶》也是这个原因。

说白了，所谓“读到‘自己’”，就是我们常说的“把自己摆进去”。有一类课文，学生是很容易读到“自己”的，比如《春》、《背影》、《从百草园到三味书屋》、《一碗阳春面》等等。从这些课文中，学生相对比较容易被课文的景、情、人、事所感染，因而不知不觉使自己成为课文中的一个“角色”。但有的课文所表现的内容距离学生比较遥远，因而学生往往无动于衷，“进入不了角色”，这时便需要教师在课文所表达的思想感情与学生的心灵之间“搭桥”。学富兰克林的《哨子》，我要求学生们以“我的‘哨子’”为题进行讨论，引导他们反省自己曾经犯过的类似错误；学莫泊桑的《福楼拜家的星期天》，我和学生一起审视我们今天的星期天是怎么度过的，并思考怎样让我们每一个普通的日子都闪烁着思想的火花；学鲁迅的《孔乙己》，我既让学生联系当时的社会背景理解孔乙己的不幸命运，又让学生以今天素质教育的眼光来评判孔乙己的悲剧性格，同时还结合当今一些社会现象剖析一下身边的“咸亨酒店”式的冷漠，并扪心自问自己是否也是一个“看客”进而感受鲁迅那穿越时空的深邃目光……

再说“读出‘问题’”。面对一部作品，可能各位教师都有这样的体会，研读越深收获越大同时疑问也越多；相反，对我们根本无法读懂的著作，至少我是提不出任何问题的。因此，从某种意义上说，“读出‘问题’”正表明读者读懂了——当然，这个“懂”是相对的，在“懂”的同时又伴随着“不懂”，即一个又一个的问题，而思想之鹰正由此展开了飞翔的翅膀！这个道理应该告诉学生，并引导他们“读出‘问题’”。语文教师应该在阅读教学中善于点燃学生思考的火花，使语文课堂成为学生思考的王国——善于发现问题，敢于提出问题，乐于钻研问题；在此基础上，既尊重老师，更崇尚真理，大胆怀疑，科学探寻，勇于创新。

学生思考的火花只有用教师思考的火花去点燃。我们不能设想，一个迷信权威、毫无创见的教师，会培养出敢于质疑、富于创新的学生。所以，对学生最好的指导，莫过于教师在教学过程中的示范。我常常给我的学生讲我在备课钻研教材时遇到的疑问，比如，《故乡》中鲁迅说杨二嫂是“一个画图仪器里细脚伶仃的圆规”，鲁迅为什么会这样说？文中几次出现的“圆规”，到底是属于什么修辞手法——比喻或借代？小说的主题究竟应该是什么？再如，《守财奴》结尾“这最后一句话证明基督教应是守财奴的宗教”究竟该怎么理解？又如，孙犁《好的语言和坏的语言》后半部分的结构是否不太严密？……经过教师的示范和引导，学生们大多能从课文中提出不少问题：有的是作者的疏漏，有的是读者的疑惑——前者如有的学生在李健吾《雨中登泰山》中找出了几个病句，有的学生批评杨朔散文有构思雷同化的倾向，等等；后者如学《背影》，有学生问道：“当时朱自清都已二十多岁了，回北京念书乘火车还要父亲送，并哭哭啼啼的，是不是太娇气了点？”学《包身工》，有学生问：“解放已经50多年了，可为什么我们的国家还有类似包身工的现象？”学《为了六十一个阶级弟兄》，有学生问：“为什么作者要强调‘阶级弟兄’，如果中毒的不是‘阶级弟兄’难道就不救吗？那这算不算真正的人道主义精神？”……

对课文的质疑必然伴随着学生之间乃至师生之间讨论、争鸣，而这样的思想碰撞正是把阅读引向深入的过程。学完《指南录后序》，有学生对文天祥的局限提出了不同的看法：有的说文天祥“辞印相不拜”以致丧失军权是失策，有的说文天祥“意北亦尚可以口舌动也”是轻信，甚至还有学生认为文天祥拼死挽救一个腐朽无能的南宋王朝不能算爱国……我鼓励学生各抒己见，同时引导他们用历史唯物主义的观点评价历史人物。在争论中，有学生对文天祥的评价颇有见地：爱国总是具体的，一定时期的“国”总是通过一定的政府来体现；文天祥未必看不到南宋的腐败，但正因为这样，他更希望拯救它，振兴它，这恰恰是他的忠诚之处和悲壮之处，千百年来人们敬仰的正是他这种誓死报国的民族气节。教师组织这样的思想争鸣，还应教会学生运用一些正确的思想方法：具体问题具体分析，顾及全篇主旨分析某一语句的含义，结合一定的时代背景和社会特点把握某一作家的思想感情及其作品的得失等等。

引导学生在课文中读到“自己”读出“问题”，就是让学生与作品在精神上融为一体。唯有这样，我们的阅读教学才真正走进了学生的心灵，因为“从来就没有人读书，只有人在书中读自己，发现自己或检查自己”（罗曼·罗兰）。

语文，请给学生以心灵的自由

作家陈燕丹曾这样评论上海《萌芽》杂志发起举办的“新概念作文大赛”：“让我吃惊的是，那些在拾到一分钱的主题上开始写作文的孩子们，一旦给他们一个自由的空间写作，他们还是会迅速地洗尽铅华，表现出一个原生的自己，那些长长的句子，纤细的伤感，那些富有含义的、幽暗的多愁善感的细节，那些欲说还休的情致，甚至是那些与作文训练格格不入的词库，他们在作文的覆盖下还有一个秘密的写作世界。”这段话，让我不由得对创新教育的理解有了一个新的思路。

直到现在，说起创新教育，有些教师首先想到往往只是思维品质和具体思维方法的培养，比如思维的深刻性、批判性或这样“性”那样“性”，以及逆向思维、发散思维、求异思维等等。应该说，针对学生长期以来在“应试教育”背景下所形成的僵化思维模式，这些引导和训练当然是很有必要的。但我认为，对学生创新精神的培养首先是要点燃学生熊熊燃烧的思想火炬，让学生拥有自由飞翔的心灵。我坚信，每一位学生都有着创造的潜在能力；所以，教师要做的首先不是从零开始的“培养”，而是提供机会让学生心灵的泉水无拘无束地奔涌，说得通俗一点，就是要让学生“敢想”。创造，意味着思想解放。而学生一旦获得了思想解放，他们所迸发出来的创造力往往远远超出我们的意料。

学生创造性思维的产生，有赖于教师创设民主、宽容的教学气氛。我们应该使每个学生都具有心理上的安全感，从而在没有外界压力的气氛中充分展开认识活动，所以说，师生之间互相尊重、互相信任、互相学习的平等和谐关系，是发展（注意：我这里说的是“发展”而不是“培养”）学生创造性思维的重要前提。然而，恰恰是在这一点上，我们过去的语文教育却有意无意地剥夺了学生的精神自由：毋庸讳言，由于种种原因，中国封建文化的残余至今还阻碍着我们的教育走向民主与科学。在师生关系上，一些善良的教师往往不知不觉甚至是“好心”地损害着学生的尊严和感情；在某些语文课堂上，不但没有师生平等交流，共同研讨的民主气氛，反而存在着唯师是从的思想专制——学《孔乙己》，学生只能理解这是鲁迅对封建科举制度的批判；学《荷塘月色》，学生只能理解这是朱自清对“4・12”大屠杀的无声抗议；学《项链》，学生只能把路瓦栽夫人理解为小资产阶级虚荣心的典型；写《我最敬佩的一个人》，学生往往会习惯性地写老师，而且多半会把老师比作蜡烛或春蚕；写《在升旗仪式上》，学生往往会先写“朝霞满天，红日初升”，然后是对革命先烈的联想和对今天幸福生活的赞美，最后想到的是自己的“神圣使命”；写景，只能是借景抒情；写物，只能是托物咏志；写事，只能写有“意义”的事；写人，只能写“心灵美”的人……在如此“崇高”、“庄严”的“语文教育”下，学生的心灵已被牢牢地套上了沉重地精神枷锁，哪有半点创造的精神空间可言？

也许这种“奇怪”的现象不是个别的：有的学生不喜欢上语文课，但在课外却对文学作品情有独钟甚至如痴如醉；有的学生写命题作文一筹莫展或套话连篇，但私下写的日记或随笔却灵气飞扬……这说明了什么？我认为，这说明人的心灵一旦冲破牢笼，必将成为自由飞翔的思想雄鹰或纵横驰骋的感情骏马！因此，所谓语文教育中创造精神的培养，首先是给学生以心灵的自由。

给学生以心灵的自由，教师自己就必须是一个心灵自由的人。马克思的战友威廉·李卜克内西曾这样评价马克思："他是一个彻底正直的人，除了崇拜真理之外他不知道还要崇拜别的，他可以毫不犹豫地抛弃他辛辛苦苦得到的他所珍爱的理论，只要他确认这些理论是错误的。"我认为，教师也应拥有这样一种追求真理、崇尚科学、独立思考的人文精神。我们实在无法设想：一个迷信教材、迷信教参、迷信高考题的教师会培养出富有创造精神的一代新人。教师的心灵自由，取决于教师宽阔的人文视野；我们应该博览群书，站在人类文化成果的高峰俯瞰我们的每一节语文课；我们的心灵应该向古今中外的大师们开放。心灵自由的教师必然具有海纳百川的宽容精神，这首先意味着对学生的精神世界的信任和尊重；教师要容忍学生的精神个性，更要容忍学生对自己说"不"，因为只有教师民主的阳光，才能照亮学生创造的原野。

给学生以心灵的自由，就要帮助学生破除迷信。这里所说的"迷信"主要是指学生长期以来形成的对教师的迷信、对名家的迷信、对权威的迷信和对多数人的迷信。我经常对学生说："世界上不存在万能的'圣人'；老师也好，名家也好，权威也好，都不可能句句是真理；我们所学的课文，即使是千古名篇，也不可能绝对完美无瑕；虚心听取别人的意见是应该的，但这些'意见'只能供我们独立思考时参考，而对某个问题的认识，对某篇文章的看法，我们只能忠实于自己的心灵，不能盲目从众，绝不能用别人的思想代替自己的思想。"讲《在烈日和暴雨下》，我问学生喜不喜欢这篇课文，绝大多数学生都说喜欢，唯独有一个学生说他不喜欢，他还说出了不喜欢的理由。尽管他的理由在我看来是多么的幼稚，但当绝大多数人说“是”时，他敢于说“不”，而且是对一位文学大师的作品说“不”——作为教师，我不同意他的观点，但我赞赏他不迷信不盲从的勇气！我当即表扬了他这种勇气，号召其他学生向他学习。

给学生以心灵的自由，就要让学生在课堂上畅所欲言。特别是在阅读教学的课堂上，教师应该为学生提供一个思想自由的论坛：面对课文，教师和学生之间，学生和学生之间，教师、学生和作者之间应该平等对话；在平等的基础上，交流各自的理解甚至展开思想碰撞。教师当然应该有自己的见解，但这种“见解”只能是一家之言，而不能成为强加给学生强加给作品的绝对真理。教师可以说《荔枝蜜》以“做梦变成小蜜蜂”结尾是多么的含蓄而巧妙，学生也有权利说：“这太做作，读起来别扭！”教师可以说《分马》中郭全海动员积极分子将自己所分的牲口都拿去让王老太太挑选是说明了郭全海的崇高无私，学生也有权利说：“郭全海不应该这样做，这不是迁就自私的王老太太吗？”少年的眸子往往比大人的目光更明澈，没有太多世故的心灵往往对课文有着比教师更独特更深刻的理解——多次听着学生评论名家名篇时的惊人之语，我常常不由得发出这样的感慨。

给学生以心灵自由，就应允许学生写他们自己的文章。文章应该是思想感情的自然体现，写文章应该是心灵泉水的自然流淌。如果学生不敢在文章里说真话、写真事、抒真情，其文章必然充满新八股的气息，而八股文绝无任何创造性可言！我对学生的作文要求是八个字：“真情实感，随心所欲。”只要真实、健康，学生想写什么就写什么而且想怎么写就怎么写——可以写真诚的崇高情怀，也可以写有趣的平凡生活；可以写现实的眼前景物，也可以写幻想的未来世界；可以与老师商榷，可以与大师对话；可以评论经典，也可以改写名篇；可以“大江东去”，也可以“小桥流水”；可以鄙薄蜜蜂，也可以赞美老鼠……总之，学生的文字应该是掠过晴空的云彩，它美丽多姿而又呈现出个性的色彩。被解放的心灵有着无穷的想象力：“大海是无边无际的草原，雪白的浪花就是那数不清的羊群。”“月亮哭了，泪水化作了星星。”“雨，是出走的孩子，它终于回到母亲的怀抱，诉说着天上的故事。”……读者能相信这些诗句是我班成绩并不太好的学生写的吗？其实，我并没有给他们讲诗要如何如何写，只是让他们自由想象，于是，属于他们年龄的诗句便流出了他们的心灵。

给学生以心灵的自由，就是给学生以思想的自由，感情的自由，创造的自由——当我们无视学生的潜在能力，把他们当作“低能儿”进行“培养”的时候，学生的表现也许让我们不甚满意甚至失望；但是，如果我们充分信任学生，给他们提供机会并积极鼓励、激发、诱导其展示自己的智能时，学生所迸发出的创造性思维火花常常令我们惊喜。

变“应试语文”为“生活语文”

应该承认，确有一些语文教师在教学中，有意无意地忽视了语文与生活的联系，把“应考”（特别是应付高考和中考）的需要作为教学内容取舍的唯一依据。这种“应试语文”不但使语文在学生眼里失去了应有的魅力，而且造成了学生语文知识懂与会的分离、学与用的脱节，最终我们所追求的语文教育成效也自然无从谈起。这与我们所追求的语文素质教育的最佳目标相比，无异于南辕北辙！

如何改变这种局面？我通过学习叶圣陶、吕叔湘、张志公、于漪等语文教育大家有关“语文与生活”关系的一系列精辟论述，并联系自己的语文教学实践进行了一些思考，深感要使学生真正扎扎实实地掌握并得心应手地运用语文这一人生的工具，就必须打破语文与生活之间的“厚障壁”，让语文教学与学生心灵相沟通，让语文课堂与社会天地相接壤，使语文教学突破“应试语文”的束缚而成为“生活语文”。

这里的“生活语文”之“生活”二字，不单指语文教学注重与生活的联系，以及指导学生在生活中学习并运用语文，还包括教师在教学中引导学生将语文学习与陶冶灵魂、磨炼思想、完善人格水乳交融，使二者互相促进，使语文教育达到如叶圣陶先生所说的“第一须认定国文是儿童所需要的学科……第二须认定国文是发展儿童的心灵的学科”以及于漪老师所说的“变语文自我封闭性为开放性，开发语文教育空间，面向生活，面向社会，面向活泼的中学生，不用机械训练消磨学生的青春”的理想境界。因此，从这个意义上讲，“生活语文”也可以称作“素质语文”。

一、语文教学“生活化”

所谓语文教学“生活化”，强调的是教师在传授语文知识和训练语文能力的过程中，自然而然地注入生活内容，进行生活教育，让学习明白“生活与教育是一个东西，不是两个东西”（陶行知语）。在学习语文的同时学习生活并磨砺人生。

1. 语文讲读“生活化”

“两耳不闻窗外事，一心只读圣贤书”是旧时书斋学子的典型写照，然而今天的一些语文课堂上也存在着这种发霉的学究气——学生所学似乎是与自己生活无关的“名家名篇”，因为教师所讲更多的是围绕“考试抓分”而来的“阅读分析”、“写作借鉴”。我们主张语文讲读“生活化”，是指课堂语文讲读要面对中学生生活实际，在课堂教学中营造一种宽松平等而又充满智力活动的智力氛围，使学生通过具体课文的学习，自然而然地受到灵魂的陶冶和思维的训练。讲《一件珍贵的衬衫》前，我先请学生们起来谈谈当前出租车行业的不良风气，学生们谈到报上所载几天前成都街头某司机撞了人还要将受伤者打个半死，然后扬长而去的社会新闻，他们义愤填膺；在随后学习课文的过程中，学生们自然会比较两种天壤之别的人格境界，进而整个心灵都被周总理的崇高品格所震撼。学《长江三峡》，我引导学生回顾长江从“两岸猿声啼不住”到刘白羽笔下的“迂回曲折的画廊”再到如今人们惊呼的“第二条黄河”的变迁，使学生在课文上欣赏长江昨天瑰丽景象的同时，忧虑地关注长江明天的生态状况。语文讲读“生活化”，实际上就是要求教师善于寻找课文内容与学生生活的最佳结合点，尽可能地使课文贴近学生的生活，同时又让学生的心灵不但与作者的心灵产生共鸣，而且与周围的世界息息相通。

2. 语文训练“生活化”

这里的训练，既指语修逻文的知识巩固，也指听说读写的能力提高，语文训练“生活化”，要求教师的训练应着眼于学生的学以致用，而非学以致考。所用的训练材料，应尽可能来自生活；即使是教材上的练习，也应尽量挖掘其与学生生活的联系。这样，学生在接受训练时，便会感到掌握知识，培养能力不只是为了应付考试，而是为了更好的生活。讲短语、句子知识，可以从学生交来的请假条入手；改病句练习，最好从学生日记、作文中找例子；修辞方法的训练，不妨联系学生熟悉的各类广告……另外，语文训练是最容易在“统一标准”中扼杀学生的思维个性的，因此，我们尤其应该注意保护甚至鼓励学生的创造欲望。我布置初一学生每天写日记，刚开始有不少学生总喜欢编造脱离自己生活真实与认识能力的“成人化”语言、“英雄化”思想，我批评学生时，他们还不服气：“以前老师就是这样教的嘛！”于是，我反复给他们讲，说真话、写真事、抒真情，是日记的生命；同学们在没有成为雷锋之前，却人人编造“雷锋日记”，这首先不是日记是否真实的问题，而是做人是否真诚的问题；每一位同学的生活都是一道独特的风景，每一位同学的心灵都是一个独特的世界，为什么到了日记本上却如此“规范单一”呢？经过多次引导和训练，学生们逐渐明白了，日记不是交给老师打分的“好人好事讲演稿”，而是自己心灵的轨迹和生活的镜子。他们现在越来越习惯于写充满童真、童趣、朴实无华而又各具个性的日记了。

3. 语文教育“生活化”

思想性是语言学科的性质之一，所以语文教学中的教育功能是理所当然的。但这种教育应紧扣课文本身的教育因素，又须符合学生的思想实际，还要注意这种教育的潜移默化、润物无声。学富兰克林的《哨子》，我要求学生们以“我的‘哨子’”为题进行讨论，引导他们反省自己曾经犯过的类似错误；学莫泊桑的《福楼拜家的星期天》，我和学生一起审视我们今天的星期天是怎么度过的，并思考怎样让我们每一个普通的日子都闪烁着思想的火花；学鲁迅的《孔乙己》，我既让学生联系当时的社会背景理解孔乙己的不幸命运，又让学生以今天素质教育的眼光来评判孔乙己的悲剧性格，同时还结合当今一些社会现象剖析一下身边的“咸亨酒店”式的冷漠，进而感受鲁迅那穿越时空的深邃目光；学《“友邦惊诧”论》时，恰逢以美国为首的北约野蛮轰炸我驻南使馆，不久又抛出了一个所谓的“考克斯报告”，诬蔑中国长时间广泛窃取美国的各种军事技术，于是，当年鲁迅先生的满腔义愤就化作了学生们对美国霸权主义的万丈怒火——《质问克林顿》、《“友邦惊诧”新论》、《如此“误炸”！》、《驳“考克斯报告”》等等，一篇篇感情炽热、语言犀利的文章就这样从学生心灵深处喷发了出来……也许有人会觉得这些教育是“非语文”的——如果把“语文”仅仅理解成“语言文字”的话，但我认为它确实是非常“语文”的，因为这些教育无一不是根植于教材本身的思想内涵和文化内涵，因而这样的教育不但是自然而然的，而且它既紧扣着学生的生活，又与我们的时代息息相关，所以对学生无疑是具有心灵震撼力的。

二、学生生活“语文化”

所谓学生生活“语文化”，强调的是学生在教师的引导下，形成“语文是生活的组成部分，生活须臾离不开语文”的观念，并养成事事、时时、处处吸收与运用语文知识，在社会生活中培养语文能力的好习惯。

1. 日常生活“语文化”

这实际上就是让学生逐步具备一种在日常生活中情不自禁学习或运用语文的“本能”。要让学生不但认真阅读课文，而且更应习惯于课外博览，并把这种“阅读”化为人生的一道风景；要让学生不但认真地写好每一篇作文，而且更应习惯于写信、写日记、写随笔，不是为了应付教师检查打分，而是为了表达自己的心声。有一次，我班学生强烈要求成立足球队，我要求学生给我写一封信，谈谈“为什么要成立足球队”；学生交上信后，我安排一节语文课就“成立足球队是否有必要”与学生展开辩论。在写信、辩论过程中，连最不喜欢作文、最不好意思发言的学生也表现出极大的热情。最后，我终于被球迷们“说服”了，学生们十分兴奋——不仅因为能成立足球队，而且也因为他们在这件事上感到了语文是一种生活的需要。1996年暑假，我给学生布置的语文作业是：读有关长征的书，以回顾中国革命史上最壮丽的一页；读有关“文革”的书，以了解过去的错误；每天必看中央电视台的《东方时空》，以感受当今中国的时代气息。这种融思想性、知识性、教育性、趣味性于一体的“语文作业”深受学生及其家长的欢迎。此外，日常生活中，从打电话到会客人，从听广播到看电视，从留言条到申请书，从同学争辩到家庭讨论，从糖酒广告到家用电器说明书……无一不是语文听说读写能力的训练与运用。

2. 班级生活“语文化”

十多年既教语文又当班主任的教育实践告诉我，不但班级文化能够积极影响学生的语文学习，而且班级建设也可以与语文素质教育互相促进并相得益彰。既有集体共同追求又有个人心灵自由的丰富多彩的班级生活，是语文素质教育的良田沃土。班委选举，让学生先写自荐书或上台讲演；每堂课安排一位学生进行“一分钟讲演”，评论班级生活：班干部在黑板上写个通知，让全班同学看看有无错字、病句；要开新年联欢会了，让学生写《我设计的联欢会》的说明书……参加工作以来，我每带一届学生，都在该班毕业之际和学生们一起编写一本反映班级风采的“班史”，而这个打算在学生们进校第一天我便告诉他们了。这样，在三年中的每一天，我不但教育学生用奋发向上的言行为班争光，而且还引导学生平时便留心把班级生活中的有意义或有意思的事儿笔录下来。并不一定每一位学生的写作水平都很高，可是在表达自己对班集体的热爱时，全班学生都倾注了真诚而浓烈的感情——他们并没有写命题作文的感觉，不过是用笔挽住一段人生的纯真而已，但一篇篇感情真挚、文笔朴素、内容鲜活的文章却由此诞生。于是，十多年来，我和我的历届学生便先后编印了《未来》（一）、《未来》（二）、《花季》和前面提到的《恰同学少年》。对学生而言，这是他们中学时代的青春纪念碑；而在我眼里，这些书是班级教育与语文教育和谐统一的结晶。班级生活“语文化”可谓一箭双雕：学生既是在语文实践，又是在班级建设；教师既是在语文训练，又是在班级教育——而这一切又是结合得如此巧妙而不露痕迹。

3. 社会生活“生活化”

培养21世纪社会主义现代化中国的主人，是当代中国每一位教育者义不容辞的使命，而作为语文教师，理所当然地应结合语文教学培养学生的社会责任感和参与能力。社会生活“语文化”，就是要求学生在社会生活的广阔天地中，自觉运用语文这个生活的工具、人生的武器“指点江山，激扬文字”。目前学生所面临的语言文字环境可以说是“无错不成书”、“不错不成报”、“无错不成招牌”、“无错不成广告”，连电台、电视台里的不少主持人也常常读错字！但这恰好为训练学生辨字正音的明目聪耳提供了生活化、社会化的“语文试题”，而且，当学生将反映语言混乱、文字错误的调查报告寄往有关单位和部门时，他们不就为呼吁净化祖国的文化环境尽了一份公民的责任了吗？不仅如此，学生每天回家的路上所见所闻所感的街头交通、农贸市场、城市环保、治安状况、新建大厦甚至个体摊点……都可以成为他们关心、思考、评论的对象。社会生活“语文化”，并不只是指学生的街头活动，也包括学生虽然身处校园却始终保持着热爱生活、关心改革、思考社会的好习惯：当年北京申办2000年奥运会未成，王铜写下《北京不是失败者》；面对徐悲鸿画展在成都受冷落而与此同时“逃税歌星”刘德华备受蓉城追星族青睐的现象，陈蓓写下《悲鸿不悲，德华缺德》；看到电视上小山智丽赢了邓亚萍以后的狂妄表现，谢宇写下《小山，你高兴得太早了吧？》；针对创建卫生城市活动中的某些形式主义现象，王劲写下《“创卫”杂感》……1996年4月，我班年仅12岁的马宁同学，撰文对某些国人热衷于“愚人节”等洋节的现象提出批评：“中国人百年来被洋人愚弄得还不够吗？为什么到了今天有的中国人却要借洋人的节日来愚弄自己的同胞呢？……我盼望有那么一天，所有美国人能在他们的国土上放鞭炮、舞龙灯，心甘情愿地过春节。那才是我们的祖国以世界强国的身份屹立于地球东方的日子——那将是中华民族最辉煌的节日！”这篇题为《盼望美国人过春节》的文章在《成都商报》发表后，产生了良好的社会反响。在这类以语文为工具的社会活动过程中，学生所收获的已远远不止是不断提高的语文实践能力，更有日益增强的民主、独立、批判、创造等现代公民意识。

需要特别说明的是，语文教学“生活化”也好，学生生活“语文化”也好，都未必是严格意义上的科学命题，笔者姑且这么表述，不过是想揭示并强调语文教学与学生生活的必然联系罢了。同样，“应试语文”与“生活语文”，也未必是经得起逻辑推敲的严谨概念，但如此用语似乎还是大体可以概括两种不同的语文教育观念及其实践的。当然，“应试”与“生活”绝非截然对立，因为学校语文教学不可能脱离各种考试。而“生活语文”也非随心所欲地“开门办学”。因此，我们主张变“应试语文”为“生活语文”的真正目的是，通过“大语文教育”的实施，使学生既能在近期从容不迫地面对各种考试而取得理想的语文成绩，更能着眼于未来具备得心应手的语文能力。多年的语文教学实践告诉笔者：当我们的语文教学唯“应试”是从，使学生陷于各种机械的模拟训练之中时，不但学生知识狭窄、能力低下，而且教师所期待的应试成绩也未必如意，可谓“多情却被无情恼”；而如果我们在语文教学中淡化“应试”观念，强化“生活”意识，严格遵循语文教育科学规律培养学生终身受用的语文素养，学生的应试成绩也自如水到渠成令人欣喜。这正是“道是无情却有情”！

PART3

第三辑　分享教育智慧

写作的意义对青年老师非常重要。因为写作不仅仅是单纯的写作，它必然伴随着实践、阅读与思考。它与实践相随，与阅读同行，与思考为伴。实践是它的源泉，阅读是它的基础，思考是它的灵魂。

公开课，不要再演戏了！

镇西：

你好！

此次成都之行收获很大，引发了我的一些思考，现在和你一起来讨论一下。

听课听得多了，觉得有必要反思一下观摩课、示范课、公开课。

我以为此类课应该分级，一类是参加工作不久的青年教师，完全可以沿用现在的流行方式，反复备课，反复试教，个人备课，集体备课，不断接受来自各方面的修改意见，最后上台表演。这一系列反复的过程是青年教师掌握规范的过程，是青年教师明确如何上好课的过程，是激发青年教师精益求精的过程。

另一类是已经工作过好几年的教师，则绝对不能采用上述形式，在掌握规范多年之后，再表演规范，是在演戏，而不是教学实验，在掌握规范之后，应该是超越规范。

听课是学习，就应该具有可学性，因此它必须在常态下进行，这是教育实验的一个基本要求。观摩课虽不拒绝漂亮，但绝对应该拒绝为表演而表演，拒绝为刻意追求漂亮完美而失去常态，失去常态，就失去了真实，失去可学性。在目前观摩课更多追求表演性的时候，我倒觉得现在有必要提倡否定表演，杜绝表演。因为这种观摩课甚至于执教者本人平常教学也不这么上。可见其假到什么程度，虚到什么程度，脱离实际到什么程度。

我以为公开课的目的在于实验，语文课堂教学实验无非在于探索一种新的教育思想在课堂教学中的实践，在教学常态下的呈现（这里用“呈现”而不用“展示”，“展示”很容易走向表演）。

正因为是常态下的呈现，它就能给人以学习借鉴的意义。正因为是探索，所以无须圆满，即使是不成功的地方，也能从反面给人启迪的教训。

如果这个观点能够得到认可，进而成为大家的一种共识，那么结果和意义是显然的——

第一，我们的语文公开课，就会呈现一种百花齐放、百家争鸣的喜人局面，而不像今天的观摩课给人以千人一面、千课一味的感觉。

第二，语文教学的实验探索就会逐步推向深入，语文教学及其研究就会逐步走向科学，而不是像今天的公开课徘徊在原有的层面上，始终脱离不了分析的路子，很大程度上是分析肢解一篇篇美文。我并不绝对反对分析，而是反对分析一统天下。正是因为缺乏逐步深入的科学探索，所以我们语文教学总是止步不前，80年代初和90年代末的语文课可以说基本上没有什么区别。

第三，常态下的实验具有可学性，那么就会逐步影响一些人，最终渐成气候，而不像现在的表演观摩课，听完以后，许多人觉得漂亮是漂亮，但根本无法学习，于是依然故我，还是老一套。

我们总在说素质教育是以培养创新精神和实践能力为核心，现在需反问一下，我们教师自己具不具备创新精神？语文课堂正是教师创新的一块天地。我们语文教师如果具有创新精神、创新能力，那么将在人格上给学生以极大的正面影响。

说到这里，回头再来看你的课，虽然在一些具体环节上有可商榷之处，但你试图作一些探索，我以为这正是你的公开课的意义，是你的教育思想的呈现，是你的教学方式的呈现，是你的实验的呈现，从这个意义上说，你的课是可圈可点的，“质疑李镇西”并不是我的目的意图，提醒李镇西才是我的初衷。

以上是我的一些想法，不知你以为然否？愿闻指教。

程红兵

1999年5月26日

红兵：

你好！

读了来信，我仿佛又回到了上个月初与你在成都倾心交谈的日子。

那次你专程前来为我助阵，我很感动；但我更感动的是，你在公开场合向我说“不”，不但让我深受启迪，而且为我们成都语文界带来了一股清新的学术争鸣之风。你走后，《教育导报》以《质疑李镇西》为题报道了我俩的“交锋”，引起了不少读者的兴趣，当然也让一些人感到不理解。我对这种不理解倒很能理解。多少年来，我们总是习惯于“舆论一律”。其实这种“一律”只是表面的“一律”，在背后还是七嘴八舌什么观点都有。如果有了公开的思想碰撞，有人可能会想：“看来这两个人的矛盾还深着呢！”其实，同志之间能够公开互相说“不”，这表明了他们之间的精神交往达到了一种境界！愿我们的语文教育界，多一些这样的思想碰撞。

来信谈到对公开课的看法，我深有同感。多年来的各种公开课已经在人们心目中形成了一个思维定式，那就是一堂优质的公开课必须是“完美”的。

为了这个“完美”，公开课就成了“集体智慧的结晶”；为了这个“完美”，公开课就越来越变成了“无懈可击”的表演；为了这个“完美”，公开课就越来越讲究“精雕细刻”的形式；为了这个“完美”，公开课便越来越成了各种“模式”或生搬硬套或惟妙惟肖的翻版……这样的公开课的确很“完美”，但也很虚假。这一方面有违教师道德，另一方面等于是公开地给学生进行作假示范！这样虚假得“完美无瑕”的公开课至今还在不停地演示着，这究竟给我们的语文教育带来了什么后果，难道不应该好好反思反思吗?

当然，公开课中的弄虚作假未必是我们的主观追求；导致这种客观效果的原因，我认为，是长期以来语文教育中对教学个性的排斥。

是的，教学个性!

本来，语文课应该是最具教学个性的学科。且不说每一篇文质兼美的课文，都是一朵独一无二的精神花朵；即使是面对同一篇课文，不同的老师，都可依据各自的个性上出风格迥异的课来。任何一个杰出的教育专家或优秀教师，其教育模式、风格乃至具体的方法技巧都深深地打着他的个性烙印。不同的生活阅历、智力类型、知识结构、性格气质、兴趣爱好以及所处的环境文化、所面对的学生实际等等因素，决定了任何一个教育专家都是唯一的、不可重复的，他们所上的课也是唯一的、不可重复的。试看于漪、钱梦龙、宁鸿彬、魏书生……哪一个的课不是其鲜明个性的体现? 由于有了个性，他们便成了公认的语文教育改革家。

但是，多年来，为什么我们的语文教育专家仍然只是于漪、钱梦龙等人呢? 原因在于，广大普通教师所允许的教学个性空间实在是太狭窄了。

从刚踏上讲台开始，一堂堂汇报课、观摩课、示范课，就规范着他们只能这样上而不能那样上。都说上公开课锻炼人，但我要说，正是在这一次次不断“锤炼”中，教师失去了自己的个性，因而失去了创造性。（因此，在这个意义上，我不同意你来信所说“参加工作不久的青年教师，完全可以沿用现在流行的方式”上公开课，这“是青年教师明确如何上好课的过程，是激发青年教师精益求精的过程，使青年教师学会上课”。）

语文公开课的规范化、模式化，实际上是传统文化中“大一统”思想对语文教学个性潜移默化的扼杀；而扼杀了个性，便窒息了语文教育科学的生命！

我对这种语文教学中的文化专制主义深恶痛绝，因而总想努力通过自己的探索，追求语文教学的个性。而教师的这种语文教学个性，首先体现在对学生个性的真正尊重上。上周我刚刚教了《我的小桃树》，自己还比较满意。“比较满意”的唯一原因就是我在课堂上真正做到了以学生为主体。具体说，就是让学生思想的火花随心所欲地迸射，让学生心灵的翅膀无忧无虑地飞翔——

课一开始，我让学生齐声朗读这篇课文。读完之后，我让学生自由发表意见：可以是就不懂的问题提问，可以是谈自己的感受，也可以是就自己最喜欢的某一点做简要分析。

学生问的第一个问题是：“为什么中间作者要写自己‘脾性也一天天坏了’，‘心境似蒙上了一层暮气’？”如果按教师的教学程序，显然不应该从这儿讲起，因为这个问题并不是教参上确立的重点和难点；但至少对于这个学生来讲，这个问题就是她的难点和重点。我当然就得顺应学生。我把这个问题交给学生讨论，学生便纷纷发表自己的看法。

于是，新的问题又涌出来：关于“奶奶”，关于“小桃树”，关于

“我的梦是绿色的”……在学生无拘无束的讨论中，或者是一个学生的话引起了大家的共鸣，或者一种观点引起了不同的看法，或者是学生之间的碰撞，或者是学生和老师的辩论……总之，整个教室弥散着浓浓的学术氛围，大家都感到了一种交流的快乐。

还不仅仅是交流的快乐，更有发现的喜悦——“我觉得‘我’眼中的小桃树，就像奶奶眼中的‘我’。”“‘它长得很委屈，是弯弯头，紧抱着身子的’这是写小桃树，也是写作者自己。”“作者把题目由原来的‘一棵小桃树’改成‘我的小桃树’，更能表达对小桃树的感情。”“倒数第二个自然段最让我感动，作者把风中摇曳的花苞比作‘像风浪里航道上远远的灯塔，闪着时隐时现的光’，我读着读着感到一种向上的力量。”“我最喜欢文章最后几句，作者对着小桃树倾诉自己的感情，其实也含蓄地表达了作者对理想的追求。”……

学生的每一个发现都令我惊喜。虽然这一切都不是我预设的，但我感到了学生是用自己的心灵感受作品，他们不是通过我的解说而是自己直接与作者对话。学生的提问和分析也许很肤浅、很幼稚，但这一切都是属于他们自己的收获而不是我的灌输。

上这样的课我也十分轻松愉快，因为我的眼前没有“评委”只有学生，我也不必有一种紧迫感，老惦记着把我准备的货色匆匆灌给学生。在这样的课堂上，我的所谓“主导作用”只是给学生提供一个自由论坛，或者说我只是一个学生思想大海的推波助澜者——我适时巧妙地在学生心灵的海洋上掀起一个又一个思维的浪花；同时，我的心灵也被这些新鲜的浪花所沐浴着……

可是，如果是公开课，我敢这样上吗?

以前我不敢，现在，我倒很想试试。——我想以这样质朴、真实、自然的公开课，呼唤语文教学的个性。

这封信已经写得够长，暂且打住。

祝好！

李镇西

1999年6月1日

语文教学可否多元化

镇西：

你好！

前次来信你谈到语文教师的个性，这使我想到了语文教学的多元化。

计划经济向市场经济过渡，整个社会也由一元向多元过渡，经济形式的变革，对人类影响是多方面的、深层次的，人们的生活方式、价值取向也在发生深刻的变化。“选择”已经成了人们一种习惯的行为方式，以自选为特征的超市购物成为备受人们青睐的购物方式，即是一个典型的例子。个性需要成了人们选择的主要依据。应该说这是符合人性特征的。人是有个性不同的，文学也是多元的，我们的语文教学也应该是多元的。然而语文教学恰恰是一元的。

语文教材是一元的，在全国绝大多数地方是人民教育出版社教材一统天下。四川曾经也编了自己的教材，但最终无法和人民教育出版社竞争，匆匆退出历史舞台，有些省市使用自编的教材，但也是一种教材一统天下，最多是两种，比如上海市有H版和S版教材，然而不论是人教社教材还是省市自编的教材，骨子里都是一样的，都是文选式教材，都是一种教材模式。不同的人（阅读兴趣不同，个性爱好不同，理解能力不同，语文程度不同）读的是同样的教材，毫无选择余地，甚至学校也没有选择教材的权利。教材可不可以有多种形式？可以是文选式的，也可以是专著式的。重点高中的学生完全可以阅读经典著作，以之为教材：可以是按照文体编排，也可以是按照语文能力编排，还可以是按照年代先后编排等等。

教法的一元化，从总体情况看，语文教学依然是按照时代背景、主题思想、写作特点，从头至尾地分析一遍，这样一种教学模式一统天下，以前是满堂灌，现在是满堂问，或者是问和讲的综合，始终脱不了分析课文的模式，我们很可以问一下：语文教学不分析课文可不可以？在语文课上，就是朗读课文可不可以？就是背诵课文可不可以？文章解读方式的一元化，对选录教材的文章，我们的语文老师和同学只能从好的角度去分析理解，去欣赏吸收，不能说一个“不”字。我们的解读必须紧扣教学参考书，紧扣各种标准答案、标准说法，不能越雷池一步，不如此，就会没有统一的评判标准，就会乱，就无法评定谁的分数高低。一篇文章应该分三段还是分四段，不必争论，就按照教学参考书的说法。诸如此类的问题本来是可以有多种答案的，语文本来就是多义的，人看文章的角度也可以是不同的，何必要千篇一律、人人一样呢？鲁迅谈到对《红楼梦》的阅读，不是说过不同的人读会读出不同的东西来吗？对文章的解读本应该是多元解读、个性解读，一千个读者就应该有一千个哈姆雷特。

话语形式的一元化，用规范划一的话语形式来套一个个可爱的孩子，使得我们学生的说话呈现一种形式，谈吐呈现一种腔调，写文章也是千篇一律，套话连篇。甚至课堂上的回答问题也是如此，比如中心思想的概括就必须是：通过……赞扬了……揭露了、唤醒了……揭示了……这样一种话语形式，像套子一样，把生动活泼的孩子束缚住了，少年偏说大人话，孩子却发成人腔。有人说语言是民族的血脉，单一的八股式的话语形式，体现了个性的呆板划一。这是很可悲的。

评价测试的一元化。语文考试只有一种形式，就是用语文基础、阅读、写作组合的一张试卷，来考评学生，此外别无选择，初中学生如此，高中学生也如此。形式统一，内容统一，答案统一，时间统一，地点统一。不但被评价者处于受动状态，就连评价者的主观意愿也很难介入。让如此众多的学生接受同一张试卷测试，接受同一种答案评判，如何体现学生个性，如何体现学生的创新精神？不同的学生选择不同的测试形式、不同的试卷、不同的测试时间、不同的测试地点可不可以？很值得我们思考。一切从人出发，什么都好办。

提倡多元，会不会削弱规范？会不会使教师、学生无所适从？我以为是不会的。我们说的多元是在不同层面切入的，是在掌握基本原则的基础上切入的，打碎的是枷锁，是僵化的教条，获得的是选择的权利，是自由。

当然这里面还有很多文章可做，需要我们认真深入地研究。

此致

敬礼

红兵

1999年6月26日

红兵：

你好！

来信提出一个问题：语文教学可否提倡“多元化”？我的看法是：“多元化”当然非常好，但现在恐怕还难以实现。

说心里话，我非常赞同“语文教学多元化”的主张。在谈到教育的种种弊端时，有人说教育是“计划经济的最后一个堡垒”。对此，我们以前往往只从教育体制的角度去理解其“计划性”，而忽略了在这种计划性体制下人们所形成的思维的“计划性”。长期以来，语文教学的一切（即你信中所说的教材、教法、测评等等）都是“计划”的，甚至连“思想”都被“计划”了——我们总习惯于用“树样板”（比如宣传、推广“教学法”之类的“先进经验”）的形式来达到某种精神和行为的统一，教师失去了思想个性，语文教学必然“一元化”。随着教育体制改革的深化，教育上的各种看得见的僵化壁垒（比如办学形式、招生制度等等）正在被逐步打破，但精神方面的“计划性”却不是容易破除的。在上封信里，我曾说：“语文公开课的规范化、模式化，实际上是传统文化中‘大一统’思想对语文教学个性潜移默化的扼杀；而扼杀了个性，便窒息了语文教育科学的生命！”现在，用这句话来说明语文教学“一元化”的文化根源，我以为仍然适用。

但是，如果我们把什么都推给“文化”，也是欠妥的——这实际上是把自己的责任推得干干净净；更何况最近20年来，我们的国家已经逐步走向开放和民主，对人精神个性的尊重已经越来越成为我们社会的发展趋势。而且，在教育改革日益深化的今天，我们也不能把语文教学“一元化”仅仅归咎于考试制度，因为近年来，国家在考试制度方面已经并将继续加大改革力度。所以，探讨语文教学“一元化”的原因，还得从我们语文教师自身找起。

我们不妨这样设想：如果不按现在的教材、教法、考试进行语文教学，那么，我们国家的语文教育将会是怎样一种景象？可以毫不夸张地说，没有了统一的教材（而且还不能经常变动），没有了统一的教参甚至统一的教案，没有了统一的练习册和各种模拟训练题，没有了统一的考试，没有了高度精确而且答案唯一的“标准化试题”，我们一些语文教师很可能将无法继续教语文！以教材改革为例。还记得上次我们在杜甫草堂坐茶馆时讨论教材改革的情景吗？当时，你认为如果一定要编全国统一的教材，这套教材最好只选经典文言文，而现代文教材让每一位教师自己编，以体现个性。当时我非常同意你的设想，但又补充了一句：“这有一个前提，就是语文教师必须具备比较高的鉴赏力，有一种高品位的审美眼光，不然会乱套——比如，有的老师可能就只会选《还珠格格》！”几乎没有一个教师不抱怨现在的教材有这样或那样的问题，但是，如果教材真的有了较大的改革，或者只是教材篇目作些调整，都会有老师反对。“语文教材经常变”不是就是许多语文教师经常抱怨的话吗？其实，在我看来，教材变是正常的，不变才是不正常的；不但应该变（当然，应该是科学地“变”），而且真的应该提倡多种教材百花齐放，甚至允许任何教师个人自编教材。但这样一来，一些老师又不好教书了。“好不容易把教材教熟了，怎么又变了？”如果大一统的教材格局被打破，有的教师更会迷惑不解：“那，高考依哪个教材呢？”

不错，时代呼唤着语文教学的“多元化”，而语文教学的“多元化”则呼唤着高素质的语文教师。“高素质的语文教师”当然有许多要求，但我认为这样的教师至少应该是真正有“学”有“识”的。所谓“学”，就是要有深厚的文化功底和扎实的语文教学基本功。比如，语文教师不妨问问自己：我每天花了多少时间在读书上？我能不能写得一手与语文教师身份相称的文章？让缺乏读写能力的教师去追求教学“多元化”，岂非缘木求鱼？所谓“识”，就是要有自己的思想，要有敢想敢创敢为天下先的探索勇气。语文教师应该拥有一个辽阔而富有个性的精神空间，即应该具备一种海纳百川的文化胸襟，一种高屋建瓴的人文视野，一种不畏权势的民主意识，一种独立思考的批判精神……不能想象，一个目光短浅、心灵封闭、观念保守、思维萎缩的人，能够培养出下一世纪中国的脊梁。连属于自己“一元”的思想都没有的人，又怎能在教学上“多元”呢？

唯有这样，语文教学“多元化”的局面才会真正形成；反之，如果语文教师本人的素质不够高，“多元化”的结果只能是“乱套”。你说呢？

此致

敬礼！

李镇西

1999年7月5日

教育写作：形式与内容的双重觉醒

镇西：

读了你的大作《从批判走向建设》，非常兴奋。随便写几句感想。

首先吸引我的是你的写作形式。我以为，你的《从批判走向建设》以及《爱心与教育》，可能救活了一种在中国学界（确切说是中国教育界）久已失传的学术文体。现在教育界有一种论著，基本是由概念到概念、由术语到术语（有的甚至夹杂着图和表）。说实在话，我对这样的论著早就敬而远之。因为我学疏才浅，常常读不懂、常常被图表弄迷糊。这样的论著见多了、见惯了，我就认定，如此写作学术论著的人，一定“学问高深”，所论证的问题一定“科学而严谨”。然而，当我又想到陶行知、叶圣陶乃至苏霍姆林斯基的教育论著，想到孔子的《论语》，想到钱钟书的《管锥编》时，我又相信，这种满篇充塞“术语”“图表”的论著，绝不是学术论著的唯一形式，也肯定不是最好的形式。我隐隐地感觉到，本世纪的中国学人，受西学的影响太深，东方文化的自卑意识太强，我们在学习西方的科学化、抽象化的学术规范时，自觉不自觉地丢掉了我们自己的很宝贵的表达真理和学术见解的形式。读读《论语》（这不是最好的教育学术论著吗）吧，满篇都是妙趣横生的故事、幽默隽永的对答，而它所表达的不正是最深刻、最富有启迪的“学术观点”吗？陶行知先生的许多教育论著干脆都是大白话，苏霍姆林斯基的《给教师的建议》《给女儿的一百封信》基本是些随笔、札记。谁能说它们不是教育论著呢？不啻是一般教育论著，而是教育丰碑！这种学术论著的样式就是，不抽象地说理，不严密地演绎，而是夹叙夹议地讲述事例，事例本身就渗透教育哲理。可惜的是，这种教育论著的写作形式已经失传很久了。不但许多第一线的老师舍弃了这种学术样式，连一些从第一线摸爬滚打中成长起来的卓有成就的教师，也“自觉”地放弃了这种学术表达（可能以为，这样的“东西”不能叫作论著，不能抵达和穷究学术之理，不能登大雅之堂吧），于是也正襟危坐，调遣概念、术语，“做”起了四平八稳的“像样”的学术论文，自己对自己的丰富的教育实践进行直接阐释，直接说出某事表达着某种教育原理。这里多少流露出中国学人的一种源自“文化自卑”的“学术自卑”，而这正是在本世纪中国文化和学术全面西方化的背景下产生的。更严重的是，这种用概念、理论进行自我阐释的过程，也是把丰富实践的简单化的过程、肤浅化的过程。生动的实践事例是含义丰赡、深广的，而自己匆忙地直接付诸理论的阐释，免不了简单化、浅白化，令人遗憾。可喜的是，今天，你又“操”起了这种堪称宝贝的写作样式，使之复活。窃以为，这是有历史意义的。读这样的论著，令我的眼睛一亮，精神一振，真如夏日饮甘霖般爽快宜人。可以说，这是一种形式的觉醒吧！你对我说：“你写的东西是酒，我写的是水”，这一点也不对。你的东西是香茶呀！让更多第一线的老师饮饮这杯浓香四溢的香茶吧。

更吸引我的还是你的大作的内容。你的书始终以“建设”为核心，在当今语文教育成为众矢之的的时候，便显得弥足珍贵。你说，你这部书不是写出来的，而是用18年的实践“做”出来的。这是真的。这是你18年语文教育生涯的生动而真实的记录。我们差不多是同龄人，我的教龄已有19年，但你是长兄。读你的《从批判走向建设》，又把我拉回到19年的一堂堂课中去了，那一幕幕情景历历在目。你书中说你要做一个有思想、有激情、有追求的人。你做到了。说真的，刚拿到你这本论著时，我真担心你又重复当今语文教坛一些流行专著的样子——写成又一本技法书籍，诸如开讲的方法、结课的方法、板书的样式、幽默的方法等等。它们也以“艺术”冠名，实际仍是“技法”。当今第一线的老师们还是很需要技法的。但纵观当今整个语文教坛最缺乏的还是思想，是真正思想着的人！人是靠思想站立着的！当今崭露头角的青年教师已然不少（大言不惭地说也包括你我吧），我们切不可被鼓噪和名声冲昏了头，我们要特别清醒，与历史上前辈先贤比，我们是有极大的缺陷的，这缺陷就是思想——独特而深刻的适应21世纪历史的崭新语文教育思想！我们要给历史留下我们这一代青年语文教师的对语文教育的独特思想，而不仅仅是技法层面的操作大全；我们要做思想者，而不仅是操作师；我们要给历史留下思索的果实，而不是喧嚷一时昙花一现的声名。你的书中无处不显露着你鲜明、热烈、执着的追求，处处迸射着思想的火花！你的每一个教学故事都植根于你独特的教育思想，你书中也讲技法，但技法是从你深刻独到的思想沃土中自然长出的。你是一个思想者。你的思想核心是什么？就是语文教育要贯穿“民主、科学、个性”的“人”的教育，使21世纪学生“具有一种海纳百川的文化胸襟，一种高屋建瓴的人文视野，一种不畏权势的民主意识，一种独立思考的批判精神”，“素质教育这面大旗上鲜明地写着一个字，那就是‘人’”。过去的语文教育可能关注了一切，而唯独丢掉了人，语言即人呀。同时，我们这一代教师还要清醒，要尊重前人和历史、兼容并蓄，我们在表达我们的思想时，不要搞新的唯我独尊、思想专制，决不当新的思想权威和精神权贵，不能搞“喝令三山五岳开道，我来了”，一种不可一世的样子——这个意思我在天津年会上跟你谈过。谁也不要把自己的思想当成精神的原子弹——学界这样的场面、这样的事情不少，现在也不能说完全杜绝了。如果做到了这些，那么我们这一代就成熟了。你的书做到了。因此可以说，这是一种内容的觉醒吧。

盼望读到你的新作！

韩军

1999年11月20日清华园

韩军：

你好！

前几天整理文稿，偶然发现了你几年前写给我的一封信。当时，我印象很深，也很受触动，但一来因为忙，二来因为我和你非常熟，便没有及时回信。然后一拖再拖，竟然就忘记了回信！今天重读此来信，感慨万千：几年过去了，但信中所说的问题，至今仍然存在。因此，我决定接着你三年前的信，也谈谈教育论著写作的问题。算是我迟到的回复吧！

首先感谢你对拙著的高度评价。其实，比起你、红兵、海林、程翔等同龄人，无论教学能力，还是学识功底，我都差得很远，包括所写的教育论著。不过，对教育写作的平易化追求，我倒是自觉的。

曾在《南方周末》上读到过的一篇题为《论文题目的大与小》的文章，引起我强烈的共鸣。作者上官子木先生这样写道："当我看完了一位国内学者在国外大学就读时完成的博士论文时，非常感慨。这是一本研究角度新颖且有一定学术价值的书，但要在国内，作为博士毕业论文将很难通过。如果是评职称，至少在我所在的单位是肯定评不上的。因为这本书是用描述性的语言，采用的是非量化、非实证的研究方法，这注定要被国内学术界的一些权威人物认为是没有学术性而遭否定。"

作者说的是写博士论文，我觉得写博士论文稍微"规范"点，似乎也情有可原。问题是我们现在许多谈教育的文章也以"规范"求"严谨"，以"术语"求"学术"，以"框架"求"档次"……结果，本来最富魅力的教育一旦被表达便失去了鲜活的生命。

恕我直言，这是很久以来教育学术界存在的不良文风。有些"专家""学者"总是认为，所谓"学术性"就是罗列学术术语构建理论框架，别人越看不懂就越深奥，“学术性”就越强。于是，我们看到了不少这样的教育文章或著作：没有新观点却有新术语，没有新见解却有新概念，晦涩难懂，故弄玄虚。这是学术的堕落，是教育的悲哀！

其实，越是学问精深者，表述其学问的语言越平实；因为学问大家已将知识融会贯通且思维清晰，所以善于把高深的道理转化成大众化的语言。恰恰是那些才学疏浅者，其语言才令人莫名其妙；因为才学有限者往往自己都没有把要说的道理弄明白，思维混乱，所以只好装腔作势，在吓唬别人的同时也糊弄自己。

能不能用朴实生动的语言表达对教育的理解呢？

当然是可以的。大教育家孔子的教育思想是用《论语》表达的，夹叙夹议，而又穿插着生动的对话，却成了经典之作。卢梭的教育思想则是通过小说《爱弥儿》表达出来的，作者把自己描写成一个教师，把爱弥儿描写为理想的学生，叙述了爱弥儿从出生到20岁成长和受教育的全过程，从中阐述了作者“自然教育”的思想。还有苏霍姆林斯基，他的所有教育论著，都是用散文的语言表述的，读他的著作，便是听他一边讲述故事，一边抒发感情，一边阐述理念——真是一种享受。还有中国现代著名教育家陶行知，他的教育著作也平易近人，用老百姓的语言谈深刻的教育道理，他还用诗歌甚至儿歌来表达他对教育的理解。

类似的例子还可以举出很多很多。这些举世公认的大教育家，写出的教育经典如果放在今天，恐怕很难被“学术界”承认，但这些平易、生动、洋溢着生命活力的著作，对人类教育发展所产生的巨大作用，则已经被历史证明而且还将继续被未来证明。

我一点都没有否认“学院派”的意思。我知道，任何一门学问，都需要科学的表达，因而都需要相应的“范式”——即科学史学家库恩所说的那种从事同一特殊领域研究所持有的共同信念、传统、理论和方法，包括属于这范式的特定概念、术语等等。杜威的《民主主义与教育》、布鲁纳的《教育过程》、皮亚杰的《教育科学与儿童心理学》、巴班斯基的《教育过程最优化》等体系宏大、结构精密、论证严谨、言语平实的教育经典著作，同样给我们以醍醐灌顶、豁然开朗的启迪。正是这些真正的教育大师的不朽之作，构筑起人类教育理论的辉煌宫殿。

但是，除此之外，我们应该允许教育可以有苏霍姆林斯基式的表达。对于普通教师来说，甚至应该提倡这种表达——

教育理念可以朴实地阐释。理念与深奥的术语没有必然联系，与宏大叙事也没有必然联系。所谓教育理念无非就是隐藏在教育行为背后的指导思想，这种指导思想人人都有，而并非教育专家所垄断。而且，哪怕是一个教育细节——比如，课堂学生发言时，发言的学生是背对同学面对老师说话，还是转过身去面对全班同学说话，这都反映了教师课堂教学的不同理念。所以，理念并不神秘，因而对教育理念的阐述完全可以也应该平易通俗的，就像平时老师们在教研组讨论聊天一样。“教，是为了达到不需要教。”叶圣陶先生这句大白话所揭示的教育理念以及它所产生的影响，胜过多少博士论文？

教育情感可以诗意地抒发。教育研究和教育实践都不纯粹是自然科学式的操作，它更带有强烈的人文色彩。因此，如果说在自然科学的研究过程中，研究者要保持自己与研究对象的距离，避免主观感情以保证结论的客观性的话；那么，教育恰恰相反，教育者与教育对象应该是融为一体的，其间感情的流淌、诗意的飞扬，正是我们追求的一种教育境界。因此，教育论著完全可以让真情实感像泉水一样自然而然地奔涌流淌。“教育，这首先是人学。”（苏霍姆林斯基语）而作为“人学”的教育，离开了人的情感就失去了生命。因此，在教育论著中诗意地抒发我们对教育的热爱、牵挂、忠贞不渝、一往情深，这是再自然而然不过的事了。

教育过程可以形象地叙述。教育者的智慧更多的是体现在教育过程之中，具体说，就是体现在故事中。因此，“讲故事”也是一种教育感悟的表达方式。在教育家马卡连柯所有的教育论著中，最著名也最有影响的是他那本《教育诗》。在一个个有血有肉、栩栩如生的人物形象中，在一个个跌宕起伏、曲折动人的故事里，教育家的教育思想、教育机智、教育技巧、教育情感……全都在其中了。对于一线老师来讲，坚持写教育日记、教育手记，哪怕仅仅是记载自己每一天的教育故事都是很有意义的。如此坚持三年五年，任何一个普通教师都可以成为真正的教育能手乃至教育专家。

教育现象可以激情地评说。很难设想，一个没有激情、麻木不仁的人，能够同时又是一位真正的教育者。教育者应该是一个性情中人，各种教育现象都会在他的心中掀起喜怒哀乐的波澜，蕴思考于胸中，遣激情于笔端，指点教育，激扬文字，敏锐而犀利，从容不迫而又掷地有声。评论教育当然首先需要严肃冷静的态度，但这与火热的情怀并不矛盾。理性共激情一色，严谨与热诚同飞。那种追求四平八稳、貌似客观中庸而实则不知所云的所谓“教育评论”与文字垃圾无异。“铁肩担道义，妙手著文章。”义正词严而不谩骂，真诚赞美而不虚夸；酣畅淋漓一泻千里，嬉笑怒骂皆成文章！

朴实，诗意，形象，激情——我追求这样的教育实践，也追求这样的教育表达。

愿我们共勉！

李镇西

2003年10月15日

让语文课堂充满活力与灵气

镇西先生：

你好！

近来读了你的两篇文章：一是《中学语文教学》2000年第1期上你和程红兵老师的对话，谈到了语文教学多元化的问题；二是《人民教育》第2期有关让学生心灵自由飞翔的问题，读完以后，颇有同感。语文教学的多元化也好，让学生心灵自由飞翔也好，归根结底还是语文课堂教学中的灵气与活力问题。我以为，语文教学如果不能在课堂上充满灵气与活力，语文教改就无法很好地找到落脚点，其自身的定位和具体操作也就可能显得极不科学。因此，我很想借此谈谈语文课堂教学中灵气和活力问题。

语文课堂教学必须充满灵气和活力的要求是由语文学科的思维特点和具体的教学内容所决定的。语文学科的大部分内容主要以形象思维为依托。和抽象思维相比，形象思维更富有灵气与活力，也只有灵气与活力的不断浸润，形象思维才可能求得更好更快的发展。在语文课堂上阅读的文章是作者对生活的记录、感悟或评判，其创作过程本身充满了灵气与活力，如果我们不用充满灵气与活力的思维去感受和解读这些作品，就容易把鲜活的作品变成训练思维的材料而一味地进行静态分析，或以不同的方式进行残酷地肢解和局部的咀嚼，文章整体流动的气韵、内在的筋脉、写作的智慧，就在这种肢解式的分析中逐步消退。所以，无论就语文学科的思维特点，还是教学的具体内容与任务，都需要我们在充满灵气与活力的课堂上进一步培养学生的灵气与活力。要做到这一点，我以为应该在“三个关系”上下功夫。

一是摆正学生、作品和作家的关系。长期以来，我们对作家总怀有敬畏之心，对教材中的作品总视为模本或范文。老师和学生基本上都怀着崇敬之情去欣赏课文、分析课文和理解课文，这就形成了学生、作品和作家之间的不平等关系。这种不平等关系使老师为作品千方百计地找说法，即使错了也如此，学生也不敢越雷池一步，更不敢“异想天开”，这又怎能谈得上激发学生的主动性和能动性呢？所以，我们应树立学生和作家是平等的这一观念，让学生和作家通过作品进行平等的对话，让他们知道作家并不神秘，作品也不见得都是模本或范文。只有让学生从心理上占据主动地位，才谈得上主动阅读、主动感悟和主动评判；也只有学生真正进入了主动阅读、感悟和评判的境地，语文课堂才可能真正具有活力，这种活力会在课堂上形成探究、讨论、争辩、认同、质疑的热烈氛围，这种氛围又会进一步促进学生潜能的发挥和灵气的形成。所以，平等的地位是促进课堂充满灵气与活力的重要因素。

二是摆正教师、教案和教材（教参）的关系。语文课堂的灵气与活力必须以教师的灵气与活力为基础。通常情况下，教师是利用教材和教参写好教案，然后在课堂上加以实施的。有不少老师对教材的灵活运用和对教参的大胆质疑还放不开手脚，把教完教材上的内容奉为神圣的使命，把教参的分析看成标准答案，把教案奉为实施过程中的绝对蓝本，不敢大胆取舍教材上的内容，不敢超越或否定教参上的分析，不能在课堂教学的过程中根据学生当时的情况调整教案上的内容或程序。这些都在很大程度上影响了老师在课堂上的灵气与活力，并进而影响到课堂。所以，教师应从教材、教参、教案的束缚中摆脱出来，要信心百倍、从容不迫地审视教材、教参和教案，并根据学生的情况创造出自己的东西或做出相应的调整。唯其如此，课堂教学才可能真正充满灵气与活力。

三是摆正生活、读书和上课的关系。这句话虽然是老生常谈，但我们在语文教学中却始终不能很好地摆正这一关系。我们往往以课堂为中心，将学生封闭在狭小的课堂和单薄的教材里，切断了学生与生活的联系，剥夺了学生阅读大量作品的权利。有不少专家认为：让学生感受生活和读书是为了进一步提高语文课堂教学的质量，这种观点虽然主张学生去感受生活、去大量阅读，但它依然将课堂作为了核心，我以为这是值得商榷的。生活、读书和上课这三者应以生活为核心，读书和上课是为了让学生更好地了解生活、记录生活、感悟生活和评判生活，它只是为学生进一步适应生活和提高自己的生活质量作必要的铺垫。而生活是丰富多彩、灵动多变的，它本身就充满了活力，透露出灵气。如果我们在课堂学习或看课外书时把阅读的文章看成是生活的反射，并有意识地将灵动的生活引入课堂或让学生主动去记录灵动的生活，让语文学习始终与生活紧密联系，我们的语文课堂会不会进一步充满灵气与活力呢？

行文及此，言不尽意，还有许多内容尚待探讨，但时间有限，就此打住，容后再叙。

此致

敬礼

张伟

2000年3月17日

张伟先生：

来信所言甚是。受你启发，我又产生了一些新的想法，这里谈出来算是对你的观点的一些补充吧。

先姑且让我“望文生义”地对“灵气”与“活力”谈谈自己的理解。我认为，我们所说的语文教学中的所谓“灵气”，指的就是心灵之气，即师生内心深处的丰富多彩的思想感情在课堂上自然而然地流淌与飞扬；所谓“活力”，指的是活泼之力，即语文课堂上呈现出的富于变化的蓬勃生机。

本来，语文课的灵气与活力是不言而喻的。语文学科与数理化学科最大的区别之一，就在于它的“灵”与“活”，即它的每一篇课文都是有灵魂的，是有思想感情的，因而它的教学过程应该是活动的流动的，而不应该是僵化的一成不变的。语文教学当然包含有知识因素，但主要不是知识教学，而更多的是通过语言文字（首先是文学但又不仅仅是文学）进行思想的磨砺和情感的熏陶。我们怎能设想，这样的课堂不是翻卷着浪花的海面而是一潭没有丝毫涟漪的死水呢？

因此，要让语文课充满灵气与活力，我们首先要反思一下：语文课本来应有的灵气与活力是怎么失去的？

如果我们承认语文教学的主导应该是教师，那么，目前语文课缺乏灵气与活力的原因，也就只能从教师身上找。我认为，语文教师对名家的迷信，对教材的迷信，对程式化教学模式的迷信，是造成语文课死气沉沉的重要原因。

不少语文教师的确非常迷信名家。这里的“名家”既指课文中所涉及的一些著名的作者（作家或专家），也指语文教育界的教改名家。这种“迷信”导致教师自动关闭了自己独立思考的大脑，一切依照名家的“说法”“做法”。迷信名家的结果是没有自己的东西，而没有了自己的东西也就失去了语文课的个性；离开了个性，语文课自然谈不上什么“灵气”与“活力”。

许多教师习惯于把课文当作《圣经》而不是例子，不敢越教材的雷池一步，甚至如果有一道练习题没有讲到，心里都不踏实。对于教材的分析讲解已经到了牵强附会甚至强词夺理的地步了。比如，对于《回延安》这篇课文其实相当多的老师学生都是不喜欢的，我也认为这首诗绝不是作者的代表作更非新诗的典范之作。但因为它是教材啊，所以，许多教师还得装出很有感情的样子给学生分析来分析去的。既然“课文不过是例子”，为什么不可以不用这个例子而另外换一个例子呢？与迷信课文相联系的是迷信教参。教参说某篇课文分为三部分，有的教师绝不会给学生说可以分四段。既没有教师自己的见解也不容许学生有自己独特理解的语文课，我们怎么能希望它有什么灵气与活力呢？

从操作层面上讲，语文教学的模式是必不可少的，但对程式化教学模式的迷信，也是造成语文课死气沉沉的原因之一。前面我谈了对教育名家的迷信，而迷信的突出表现之一，就是盲目地机械地套用名家的各种教学模式：什么“六步自学法”呀，什么“尝试教学法”呀，什么“质疑式教学法”等等。不能简单地说这些课堂教学模式不好，但它们的实施都是同特定教师的个性和特定学生的具体情况相联系的，即使是该模式的创立者也不可能采用同一模式去教所有课文。但我们一些老师却将其程式化、固定化，结果把生动活泼的语文教学变成了刻板、僵化的程式。如此教学，灵气与活力从何而来？

因此，要让语文课充满灵气与活力，除了你所说的处理好“三个关系”（即“学生、作品和作家的关系”、“教师、教案和教材的关系”、

“生活、读书和上课的关系”）外，还有一个关键，这就是教师应该破除迷信，让自己成为自己教学的主人——不要成为拜倒在名家脚下的奴隶，不要成为演绎教材教参的道具，不要成为某种僵化教学模式的工匠。从某种意义上讲，语文课的灵气与活力不过是语文教师本身的灵气与活力使然；如果教师真正具有思想的灵气与感情的活力，其语文课必然充满灵气与活力。

当然，关于语文课灵气与活力这个话题，还涉及其他方面，比如语文教师的人文情怀，语文教师的教学机智，等等。但这封已经够长，今天就谈到这里吧。

此致

敬礼！

李镇西

2000年4月20日

漫谈语文教学的课堂民主

李镇西：正如对“政治民主”有许多误解一样，对“教育民主”同样存在着种种误解。其中最常见的误解，就是认为“教育民主”就是迁就学生、纵容学生乃至不管学生。其实，如果说“民主政治”的核心是“尊重”——对公民权利的尊重的话，那么“民主教育”的核心，仍然是“尊重”——尊重学生的人格、尊重学生的情感、尊重学生的思想、尊重学生的个性、尊重学生的差异、尊重学生的人权、尊重学生的创造力……当然，与此同时，教会学生对他人尊重。“教学民主”作为教育民主的重要组成部分，其核心同样是对学生的尊重以及培养学生对他人的尊重。具体到语文教学，我认为，其实新课程标准中谈到的许多基本理念，在我看来背后还是民主精神。比如“积极倡导自主、合作、探究的学习方式”，这就是对学生学习主体的尊重。

张伟：有人喜欢把“教学民主”谈得玄而又玄，而实际上“教学民主”并不神秘，一切充满人性而且体现人文关怀的教学，就是民主的教学；对一线老师来讲，它首先是一个实践问题，而不是一个纯理论的问题；不是“为什么”的问题，而是“怎么做”的问题。而且我特别想强调的是，教学民主必须以课堂为土壤。

李镇西：嗯，“教学民主必须以课堂教学为土壤”，说得很好！现在的确有教师把教学民主仅仅当成理论问题，当成写在论文里的口号。可以说，如果没有课堂上的民主，所谓“教学民主”就成了一句空话——难道教学民主只是在课外和学生打成一片吗？

张伟：我确实有这个忧虑。事实上，教育教学过程的民主化进程直接取决于两个大的因素：一是广大教师的民主意识与民主行为的高度统一状态，二是学生民主参与教育教学过程的水平能力与实践行为的发展状况；而这两者都必须以课堂教学为土壤，在课堂教学的过程中不断耕耘，精心打理，才能生根发芽、开花结果。因此，实现教育教学过程的民主化必须认真研究和解决课堂教学中存在的具体问题，才能避免空喊口号，搞形式，走过场的“务虚”倾向，才能把民主教育的理念落到实处。

李镇西：语文教育的民主精神应该也可以体现于课堂教学的各个环节乃至细节上。如果我们没有很好地解决语文课堂教学中的民主问题，结果只能是夸夸其谈，虚晃一枪，不可能有任何实际效果。其实，语文教学的内容就决定了其民主教学的可能——用句现在非常时髦的话，语文课堂教学具有天然的“民主张力”。因为第一，语文更多的是一种能力，而这种能力无法灌输，只能学生自己养成——所谓“学习的主体性”是不言而喻的。第二，无论作文教学还是阅读教学，涉及的都是精神世界，而任何一个人的精神世界都是独一无二的——作文表达和阅读理解的个性化同样不言而喻。

张伟：因此，语文课堂教学是最需要提倡和推行民主的。另外，从母语这一特点看，每个人都有一定的母语根基，都不是白纸一张，民主参与母语学习的过程具有自己的语言基础，并不是空穴来风；从语文能力的形成看，正如你刚才所说，语文能力的获得必须以自我体验为基础，没有学生自己的亲身参与、感悟、积累和体验，老师给予的和书上记载的都只能是外在的东西，难以融进学生的灵魂，很难成为学生综合素养的一部分，没有民主参与，则难有真正的自我体验；从语文学科的特点看，语文具有多义的特点，简单的或相同的文字往往具有丰富的意象和深厚的内涵，而对意象和内涵的把握情况往往与读者的生活经验和知识结构有关，所谓“一千个读者有一千个哈姆雷特”即是如此，语文学科的这一特点，决定了语文教学无法用专制的、集权的、高度统一的教学方式，它需要发挥学生个体的作用，提高课堂教学的民主程度，让每个学生真正走向实质性参与，才能提高语文素养。

李镇西：不对，我不同意你所说的“语文教学无法用专制的、集权的、高度统一的教学方式”，事实上，我们今天之所以要强调语文教学民主，正是因为已经存在“专制的”、“集权的”、“高度统一”的教学方式。语文的多义性，既有可能导向多元，也可能导向专制——正因为多义，教师有可能任意否定学生的那一“义”而把自己的理解的一“义”奉为绝对真理，用自己心目中的“哈姆雷特”取代学生心目中的“哈姆雷特”，而这在理科教学中就不太可能。比如，在理科教学中，师生都必须服从公认的定律定义；可语文教学中，教师完全可以把“批判小资产阶级虚荣心”强行规定为《项链》的主题。

张伟：嗯，你说得有道理。看来任何东西都有两面性。不过，现在真正以自己观点去否定学生理解的教师并不多，更多的是以教材教参的认识去统一学生的思想。这也是一种教学专制。

李镇西：从根本上说，这也很难怪教师，因为教师的头上都悬着一把高考的达摩克利斯剑啊！

张伟：是的，现在不少老师在语文课堂上不敢放开手脚，其最大原因就是担心学生的考试成绩上不去。其实，这也是对语文教学民主的误解。事实上，学生的考试成绩是其语文能力的综合反映，如果语文能力和语文根基真的很好，不是小聪明式的片面发展的能力，就应经得起各种形式的考验，可是，我们有些人借口考试，在教学上大包大揽，学生没有民主参与的意识、机会、能力与行为，语文知识和教师给出的阅读、写作与知识运用的方法始终都是外在的，可以死记硬背记住它，却难以在变幻莫测的语言材料与生活情景中加以灵活地运用。

李镇西：如果说过去的高考的确妨碍了教学民主，那么，近几年高考试题改革，正朝着有利于民主教学的趋势发展。死记硬背所形成的所谓的“语文素养”，将难以应付这种考试，考试成绩可想而知，因此，即使是为了“应试”，也应提高语文课堂教学中的民主水平。

张伟：不过，就操作层面上讲，课堂教学民主更多地体现在学生的“普遍参与”上，而这种“普遍参与”应该有评价标准才对。我想，评价学生在语文课堂上的民主参与程度是否至少应该从这几方面来评价——一是师生的和谐融洽与彼此尊重的情况；二是课堂流程的开放度与灵活度；三是学生在课堂上的参与状态，如精神状态、主动参与程度、发表意见的频率、自信心、对待其他意见的态度、自我调整与完善的能力等；四是学生参与活动的深度；五是学生参与活动后的实质性收获；六是学生参与活动后的后劲与热情等。

李镇西：好家伙！你一口气就说了六点，看来你对此已经有研究了。不过，我倒觉得，当务之急还不是制订什么“评价标准”，而是克服目前语文课堂教学中的非民主现象，让语文课堂先“民主”起来！目前语文教学中的不民主现象，最根本的一点，是教师更多的还是着眼于自己的“教”而不是学生的“学”。

张伟：是的。现在好些语文课堂教学设计的重心把握不准。教学设计应重点放在目标定位、动力激发、学生活动、问题设计、引导办法、材料的选用和处理等多个方面，教案呈现的主要内容应是课堂上学生活动的基本环节、内容、形式、方法、评价，每一个活动的基本意义和要达成的基本目的，而不应以知识性内容为主，有些教案偏重于时代背景、段落大意、词句分析、主题解说、写作特点介绍、基础知识等，头脑中只有文章的条分缕析、知识点的解剖训练和考点的解说，这种知识性教案忽略了学生民主参与的问题，把教学设计“弄死了”，如果不改革重视死知识，轻视学生民主参与的教学设计，课堂教学中的民主只能是一句空话。

李镇西：并不是现在语文课堂教学中没有学生的活动，但相当多的课堂教学过程中的学生活动存在“重形式”“搞花架子”的倾向，为活动而活动——表面上热闹，而实际上缺乏学生实质性参与的深度。这种“活动”只能浪费精力和时间，是无民主可言的。

张伟：现在的确有教师在教学过程中未能有意识地关注和培养学生民主参与的意识、技巧和方法，只强调活动的形式和结果，看轻了活动过程中的体验、交锋、尝试、情感和领悟，在参与活动的意识、方法、自我提高的技巧等方面引导不够，导致活动质量不高，活动的民主程度低。

李镇西：所以，我一直认为，学生的课堂参与核心是“精神介入”而不只表现的“肢体介入”——发言呀、讨论呀、表演呀等。极端地说，有时学生的沉默也是一种参与——在沉默的外表下，思想在主动燃烧，心灵在自由飞扬。

张伟：课堂教学中学生学习机会的不均等，也是一种非民主现象。大班级教学往往将目光集中在少数善于思考、能言善辩、喜欢表达、语言基础好的学生身上，即使组织全班性的活动，表面上给了每一个同学以均等的参与机会，但事实上，基础不好、思考能力较弱、不善于表达的学生往往沉默寡言，少动脑或不动脑，少说或不说，发言的时间和机会被少数几个人“霸占”，出现了“话语霸权”现象，这样的民主只是少数人的民主，不是真正的民主。另外，在教学过程中对学生自信心的培养关注不够。学生缺乏自信心，没有自主参与的勇气与热情，抓不住自我参与和自我提高的机会，因此，民主意识强的学生往往是自信心很强的学生，缺乏自信心的语文课堂必然是无民主可言的课堂，然而，我们对语文本身关注较多，在如何培养学生学习语文的自信心方面却着力不够，未能对学生自主参与铺垫足够心理基础。

李镇西：谈“课堂教学民主”就离不开谈“师生平等”。现在在许多课堂上，教师和教材的权威地位未能真正动摇，师生平等、读者作者平等还未真正实现。

张伟：说到“平等”，这又是一个容易引起争论的话题。我想可能现在没有人不认为教学民主应该体现在课堂教学中的师生关系上——是平等的，还是非平等的？但怎样才是真正的平等呢？教育界近来流行一句话：“蹲下来和孩子说话。”这对于过去教师伟岸地站在讲台上俯视学生无疑是一个进步。但我理解这句话中“蹲下来”的本意主要不是指肢体的“蹲下”而是心灵的“蹲下”，即教师要在心灵深处平视学生。这里需要说明的是，所谓“蹲下去和孩子说话”不应该被视为一种更高境界的师德——如果“蹲下去”纯粹成了一种姿态，那说明教师的心并没有“蹲下去”，所谓肢体的“蹲下来”不过是居高临下的“平易近人”而已，骨子里还是把自己看得比学生高。因此，师生平等应该是心灵的平等，而不是形式上的某种姿态。

李镇西：是的。课堂教学中的师生平等，应该是教师并非以权威者的姿态出现在学生面前，向学生进行讲解，学生只能重复教师的具有绝对权威性的内容；相反，教师是以参与者的姿态与学生一起开展具有相互作用的对话。在对话中，无论教师与学生、还是学生与学生，任何一方都应该积极地、时刻地保持批判性的敏感与态度对待对方所说的话。这就是我理解的语文课堂教学中师生心灵的平等。

张伟：从课程理论的角度说，课堂上师生之间、学生之间的合作学习，就是平等精神在语文课程中的体现。在拉丁语里面，“课程”是“跑道”的意思，因此“课程”这个概念有“学习进程”的意思。按后现代课程理论的观点，“课程”是一种“过程”，但不是教师向学生传递其所知道的过程，而是师生一起探索其不知道的过程。

李镇西：也就是说，真正的“课程”，本身就蕴含有学生“平等参与”的因素。用苏霍姆林斯基的话来说，就是教师把自己当成“与学生一道探求真理的志同道合者”。然而，现在一些教师在教学过程中对学生的尊重和信任度不够，总是对学生的理解不放心，对学生的思想不信任，常常忍不住跳出来“引导”，以结论或权威人物的看法否定其他人的分析——如此缺乏平等的尊重和信任，学生的课堂民主参与是很难实现的。

张伟：对于语文课堂民主教学，我们已经说了不少“不应该怎样”，是不是还得说点“应该怎样”呀？

李镇西：那当然。“从批判走向建设”嘛！要在课堂教学中真正实现民主，我以为首先是要处理好课堂教学中的多种关系：优生与优生、学困生与学困生、优生与学困生、教师与学生个体、教师与学生群体、读者与作者、教材与生活等多种关系。要实现真正的民主参与，必须理顺和处理好这些关系，让每个师生以民主平等的心态进行交流、对话与合作，在彼此尊重的基础上分辨其闪光点与需要发展的空间。

张伟：而且这些关系的处理应该体现在教学过程中的重要环节之中。首先是变知识性教学设计为发展性教学设计；其次是在活动的设计、开展、评价等方面尽量做到主体多元、形式多样、互动发展、灵活调整。

李镇西：能否说具体些？

张伟：“主体多元”是指师生和其他力量围绕某一目标共同设计活动，初步确立活动的主要环节、内容与开展活动的学习方法，增加活动设计的民主参与程度，为提高活动过程的民主参与程度奠定基础。“形式多样”是指学生参与活动与评价活动的方式是多种多样的，课堂讨论只是民主参与活动的方式之一，网上聊天、互阅读书笔记、笔头交流等都是民主参与学习活动的方式；在活动成效的评价方面，学生的自我感受、相互评价、教师点评等主体是多元的，分数、等级、鼓励语、五角星等评价形式是多样的。“互动发展”是指所有学生都在民主参与中相互启发，彼此吸取对方或他人的合理成分，不断开拓自己的视野，收获到了实实在在的东西，有了实实在在的发展，而不是看热闹，走过场。“灵活调整”是指在活动实施过程中不拘泥于活动设计的固有环节，不是严格照着已有的流程施教，而是根据灵动多变的现实课堂加以灵活调整，使课堂富有生机与活力，只有这样，才能真正做到尊重学生的现实需要，才不是教师的一厢情愿，才能够更好地体现民主。

李镇西：课堂民主教学并不是不要考试评价，而是考试评价也应该民主——考试题要尽可能具有较强的开放性，要充分考虑学生多样化的思考角度，站在学生的角度思考答案的合理性，否则，试卷拟出的答案只是将教师的思考结果强加在学生身上，毫无民主可言！

张伟：是呀，如果对学生得出的结论处理不当，将会极大地影响学生参与学习过程的积极性。

李镇西：对于语文教学而言，民主固然是一种手段——宽松和谐、平等自由的氛围有助于学生思维的活跃乃至创造力的激活，但它绝不仅仅是一种教学手段；从根本上说，民主更是一种教学目的——通过自主、探究、合作式的语文课堂教学，培养学生的平等、自由、宽容等民主素养，使学生成为具有民主意识的现代公民。

教材是“例子”吗？

镇西先生：

今天我想与你就“例子”教材观做一探讨。

叶圣陶先生的“教材无非是个例子”被许多教育工作者拿来作要改变教材观的强有力的证据。我并不反对把现在的教材看成是例子，但这并不意味着教材就应当是个例子。“例子”教材观一方面借叶老的话巧妙地回避了现行教材存在的诸多问题，一方面一厢情愿地肯定持有这样的教材观可以组织成功的教学，由此导致“例子”教材观的几个重大误区。

误区一：“教师可以创造性地使用教材”

“正确的教材观要求师生把教科书当成活材料，而且教师还要为学生设计教材以外的活材料，甚至有时还可以为达到目的而增加一定的辅助材料。课文没有必要篇篇繁说细讲、讲深讲透，每一单元的教学应抓一篇课文详细分析使学生掌握本单元的精华所在，其他课文则以点带面，落实教学要点，这种不重复的教学有利于激发学生的兴趣也节省了大量的课堂时间。”〔引自《中国教育报》(1999/6/9)《教材无非是个例子》〕这样的教学实在令人神往，但却经不起推敲。教师把教材当成活材料意味着教师要独立设计根据这个“例子”进行教学的全过程（包括教学内容，教学过程中的训练及这些训练的标准答案，这种难度是设计一个数学习题无法相比的）。以点带面的教学节省了大量的时间，那么省下来的时间干什么呢？当然，“可以设计教材以外的活材料”，甚至“增加一定的辅助材料”。这实际上是要求教师编教材，不知道持此论者是否测算过这需要具有怎样的素质的教师付出怎样的工作量。

误区二：“通过教师指导可以建立有效的课本与课外的联系”

指导学生读课外书，这是绝大多数的语文教师都想做的，但实际上难以真正做到。首先，课外读物源难以保证。有很大一部分学生家里没有足够的藏书，大多数学校也无法提供足够的课外读物，这使课外阅读指导缺乏最起码的物质基础。其次，因为教师的这种指导没有任何可以依据的规范，这种指导的质量便主要决定于教师的水平。再加上教师个性、兴趣及所学专业的限制，这种指导具有很大的局限性，不利于学生各方面阅读兴趣的发展。再次，这种课外阅读指导无法直接体现在各种层次、类型的考试当中。因为没有统一的要求，各类考试无法将课外阅读列入考试内容，高考作为全国范围的选拔性考试，更无法体现这方面的测试意图，因此很难引起学生、家长甚至是某些教师的重视。由此可见，“例子”教材观根本无法保证学生最基本的课外阅读。

误区三：“应多练少讲”

在“例子”教材观者看来，多练少讲的理由很充分：一、课本只是个例子且多比较简单，只有多练才能使学生提高技能；二、语文是一门工具课，语文教学就是要培养学生的语文能力。还有一个不言而喻的原因，认为教师完全可以靠自己设计出各种花样翻新的训练。

语文教学应当培养学生的语文实践能力，这也不错，但语文教学的目标只此而已？许多专家提到现在语文教学的人文价值、人文底蕴流失，要改变这种状况靠讲还是靠练？一堂抓住一点纵谈古今文采飞扬的“满堂灌”，一定逊于一堂成功的技能训练课吗？

现在有人又反对满堂问，说要走书串问的模式，明眼人一看便知所谓“串问”实际是十几年来提倡启发式教育的结果。很显然，串问模式并非启发式教育的初衷，但当我们指责教师提问缺乏水准时，我们又有什么理由相信他们依据“例子”设计的训练就刚好符合要求呢？随便翻开一本出自高级教师甚至特级教师之手的漏洞百出的高考模拟试题集，我们就可以想象教师自编训练会导致怎样的后果。这里绝不是要贬低我们的教师，而是说不能一切都靠教师去做。很多专家都曾提到过一些成功的课堂训练，这些成功的例子似乎为教师可以自行设计训练提供了富有说服力的佐证，但实际上设计一堂成功的训练课并不难（如果只是为了讨专家的欢心这种训练完全可以避短就长），难的是每堂都这样。如果再考虑到阶段教育的系统性，那就更非一般教师所能做到，也决非教师所应做到。

总之，“例子”教材观总是把语文教改的注意力集中到语文教师身上，而毫不怀疑教材会有问题。教材应是组织教学的依据，它应有最基本的规范、指导作用，其他教材莫不如此，语文教材也应如此。令人担忧的是，许多编写新教材的尝试（包括天津、山西等地开始试用的实验教材）都走不出“例子”教材观的误区。也许语文教改的成功只有等到语文教材真正地成为教材而不是例子的时候。

不知你以为然否？

李永宁

2001年1月10日

永宁先生：

最近一段时间，我已经注意到你在“韩军在线”网上论坛上发表的一系列颇有见地的文章。读了来信，我更感到你是一位富于思考的教育者。我从心里对你表示敬佩。但作为朋友，我得直言，来信的观点虽然新颖，但缺乏说服力。我认为，“例子”教材观是没有错的。

要把“教材”与“课文”区分开来。有时我们说“教材不过是例子”，这里的“教材”主要是指具体的课文。如果把真正意义上的教材（不只是课文，还包括整个语文知识能力系统）作为“例子”当然是不妥的（这样做的后果，实际上是取消教材），但说具体课文是例子，却是没有错的。因为同样一个语文训练点，完全可以用不同的课文来说明和展开，当然具体用哪一篇课文，的确有优劣高下之分，但这只是“例子”的好坏而已。现在教材上有一些公认的传统篇目，如《荷塘月色》、《荷花淀》等，在它们诞生之前，人们学的是《滕王阁序》、《赤壁赋》一类的经典作品。可见，作为具体课文的“例子”是可变的。我把这个话推向极端：人们不学《荷塘月色》不一定就提不高语文能力。因为“例子”多着呢！更何况，随着时代的发展、社会的变化，作为具体的课文必然也处在不断变化中。这是很正常的。

我完全同意你在文中所批评的一些教师在“例子”教材观的旗号下所做的一些蠢事，但这不是“例子”教材观的错，而是这些教师的素质使然。“例子”教材观本身没有错，问题出在如何使用“例子”。承认它是“例子”，只是不迷信它罢了，并不是说就可以随心所欲地对待它。

那么，应该怎样正确对待“例子”呢？我认为，应该重视“例子”而又超越“例子”。

重视“例子”，就是尊重“例子”的经典性。任何一本教材，任何一篇课文，尽管多年后人们也许对它提出许多中肯的批评，但在具体的历史背景和社会条件下，它无疑是“最好”的。即以具体的入选篇目来说，在同一时代，之所以选“这一篇”而不选“那一篇”，自有其相对的历史合理性。以“教材不过是例子而已”为由轻率地对待教材，这不应是一位严肃的语文教师所为。重视“例子”不是一句空话，而应通过在教学中充分挖掘其潜在的语文养料来体现。无论知识传授还是能力训练，无论情感熏陶还是人格塑造，无论是审美教育还是人文关怀，都应通过对一个一个“例子”的精心教学得以实现。

超越“例子”，就是不把学“例子”当作语文教学的终极目的，而将其看成“桥梁”，通过这个“桥梁”让学生到达更广阔的人文空间，所谓“举一反三”，所谓“触类旁通”。任何人都不可能仅仅通过学一本教材而提高语文能力，这是毋庸置疑的。教师在指导学生学好教材的基础上，当然还应该引导学生将语文学得更“厚实”些：这既包括指导学生由一篇课文然后浏览同类文章，由一位作家继而旁及同类作家等比较性扩展性阅读，也包括引导学生在生活实践中汲取语文养料或创造性地运用语文能力，等等。超越“例子”更重要的含义是，教师绝不能拘泥于“例子”而裹足不前。对于培养学生自学能力，叶圣陶先生有句众所周知的名言：“教是为了达到不需要教。”其实，按我的理解，这句话同样可以用来说明对“例子”的态度：教“例子”是为了达到不需要教“例子”，教有限的“例子”是为了让学生自己去学习更多的“例子”。

需要指出的是，任何理论或观点的提出，都有其特定的针对性。我们现在提出“教材无非是例子”，恰恰是针对多年来语文教学中普遍存在的“教材（课文）崇拜”现象，具体说就是把课文看成《圣经》，迷信课文。其登峰造极的做法就是语文教学与不敢，不，应该说是不愿越雷池一步，肢解课文，唯恐讲得不细，不但讲课文而且还考课文。这样的例子不用我多举，大家老师都是有体会的。在这种情况下，强调“教材无非是例子”无疑是有着积极意义的。因此，就目前而言，我们更应该强调超越“例子”。

当然，这对教师的素质的确提出了很高的要求。但教师素质的提高正是语文教改的关键。我不敢奢望通过教材改革便提高教师素质，但是，如果真能这样，善莫大焉！现在已经许多有识之士提出（实际上也开始在这样做了），教材应该多元化。其“多元”的体现，既是教材知识能力体系的多元也是具体课文篇目的多元，因为教材（课文）确实只是“例子”。你说：“也许语文教改的成功只有等到语文教材真正地成为教材而不是例子的时候。”而我恰恰认为，从某种意义上说，也许语文教改的成功只有等到语文教材真正地成为例子而不是“教材”的时候。

关于“例子”教材观，远非一次通信就可谈透；如果深入探索，还有许多话可说。今天就写到这里吧！

李镇西

2001年1月20日

课堂教学中语文教师的角色定位

镇西：

你好！最近和你就语文教学的一些问题交换看法时，我想到这样一个问题：在21世纪信息时代，我们究竟应该怎样做语文教师？在课堂教学中，语文教师如何给自己进行角色定位？

我们语文教师对自己在语文教学中的角色定位有许多颇为精当的比喻。这些角色定位既反映了他们不同的教育思想，也决定了他们不同的教学方式。下面，我想选择两种角色定位谈谈自己的感受和思考。

其一，语文教师应该像导游，教学过程应当重在引导学生自己阅读：读千姿百态的自然风光，读丰富多彩的心灵世界。这是一种尊重学生阅读主体地位的理念。所谓“导游”，一是教师自己要“游”，而且“游”中要有自己的体验，如果照本宣科地把《教师用书》当作《导游指南》，则势必索然寡味；二是一定要让学生“游”，让学生在“游”之中自己探究、思考、想象和体验，导游不能用自己的“导”剥夺学生的“游”的权利，或者用教师“游”的体验代替学生“游”的体验。曾有一位高一新生告诉我：老师如果不在课堂上归纳文章中心，她在课堂上就有一种不实在的感觉。学生的这番话使我忧虑：当我们的学生习惯于在教师的灌输中理解课文时，比他们自主阅读能力的欠缺更让人担心的是他们失去的对自身阅读的自信。

但是，如何“导”却存在三种误区：一是教师“满堂灌”的理性分析，如今这种“导”越来越被人们所摈弃；二是教师“满堂问”的“启发引导”，这种“导”看似热闹，却连学生“问”的权利也剥夺了；第三种情况应该引起我们警惕，这就是以多媒体课件滥用、误用的“导”来剥夺学生“游”的权利。我们反对用教师的讲解和分析剥夺了学生探究、思考、体验和想象的权利；但是，如果我们用现代教育技术以多媒体课件更好的视听效果剥夺学生探究、思考、体验和想象的权利时，如果我们的学生更加乐意自己的探究、思考、体验和想象的权利被剥夺时，后果恐怕更加严重吧？如果教师的“导”忽视了学生作为人的主体地位，如果以现代教育技术让学生在教师精心制作的多媒体课件的图解中紧张而又轻松、痛苦而又愉悦地放弃自己阅读探究的权利，这种从“讲解”到“图解”以“教育技术”践踏“教育艺术”的方式对学生阅读探究过程的破坏更为严重，这种教育技术的进步掩盖不了教育理念的倒退。我很赞同你语文课“应该飞扬着激情”“燃烧着思想”“闪烁着青春”的见解，现代教育技术的运用应该也必须让学生在自主阅读体验中用自己的心灵去感受“来自激情、思想和青春的魅力”。

其二，语文教师应该像节目主持人。教师的这种角色定位以学生为中心，能够激发学生的参与意识，一改教师讲学生听的方式。首都师范大学附中郑晓龙老师认为这种方式“像电视台《实话实说》栏目，教师俨然是节目主持人，面带微笑，气氛民主，学生踊跃发言。但这只能作为教学过程的一个讨论争鸣、互相启发的环节，而代替不了整个过程。如果每节课都不读不写，夸夸其谈，坐而论道，那就离开了语文教学。”（《中学语文教学》2001年第4期《关于语文教学变与不变的对话》）。我倒认为这种语文教师像主持人的角色定位体现了以学生为中心的教育思想，真正实现了“教室”到“学堂”的转变。郑老师担心每堂课都这样“夸夸其谈，坐而论道”，语文每堂课都“不读不写”当然不行，但在教师的主持下“学生踊跃发言”绝对没有“离开语文教学”。信息时代，学校不再是学生获得信息的唯一途径，现代教育呼唤教师与学生、学生与学生、学生与课文作者的平等对话和心灵交流。教师担任这种对话的主持人角色，是一种符合时代发展的教育思想的进步。当然，这种对话确实只应当是教学过程中的一个环节，应该在学生自主阅读的基础上进行。

教师担任教学过程中对话的主持人，不再是唯一的“传道、授业、解惑”者。教室成为师生阅读体验探究思考的交流平台，进行“道之所存，师之所存”的多向的平等对话，激发学生自主学习探究思考，促使学生的个性健康发展，着眼于人的和谐发展不是语文教育孜孜以求的目标吗？

教师成为主持人的角色定位，为学生广泛参与对话提供了可能。随着现代教育技术的进步，学生广泛参与课件制作成为可能，教室可以成为多媒体交流对话的平台。作为主持人的教师，如果不是以多媒体课件的“图解”扼杀学生的个性发展，而是在课堂教学中组织学生在多媒体的虚拟平台上进行有声有色的多维立体的交流，这种多向的广泛的交流应该在学生自主学习探究思考的基础上进行，唯真理是从，不再以教师的讲解分析为定论，这难道不是我们期盼的语文教育吗？

我想，如果教师既是学生学习过程中的“导游”，又是学习过程中多媒体交流对话的主持人，那有多好啊！运用现代教育技术让学生“心灵自由地飞翔”（借用你的话），使他们在个性的自由张扬中充满诗意地学习着、生活着，那该有多好啊！

以上看法，并不成熟；不当之处，还望镇西不吝指教。

祝

春节愉快，马年马到成功！

张建平

2002年2月9日

建平兄：

你好！

你来信提到的课堂教学中教师角色的问题，的确是一个值得探讨的话题。这实际上是对教学过程中师生关系的反思。我曾经说过，就教育实践而言，师生关系是一个关键问题，甚至可以说是一个核心的问题。你认为，课堂教学中，教师应该是“导游”和“主持人”。我基本同意你的观点。在去年12期《中学语文教学参考》上，我还读到了一篇《语文教师的角色》的文章，作者认为，语文教师应该是“导演”、“舵手”等角色。我认为，这些形象的说法，在一定意义上都是成立的。不过，我更觉得，给教师一个什么形象的称呼并不是最重要的（当然，不同的称呼体现了不同的教育思想），重要的是，教师以什么样理念处理好课堂教学中的师生关系。如果教师本人是一位真诚的民主教育实践者，那么，无论他以什么角色出现，其教育都必然洋溢着民主气息；相反，如果教师骨子里还是“教师中心主义”，那么，哪怕他在课堂上花样翻新地与学生套近乎，其教学仍然走不进学生的心灵。

表面上看，师生关系仅仅是一个情感问题，其实不然。透过不同的师生关系模式，我们可以看到不同的教育观——我这里所说的“教育观”特指对教育属性的认识：教育是属于“科学”还是“人文”？如果我们将教育实践视为纯粹的科学研究（自然科学或者社会科学），那么，科学研究所要求研究者具备的客观、冷静以及与研究对象保持一种严格的主客观界限，都会使我们自觉不自觉地把教育对象（即学生）当作物而非人。在这种情况下，师生关系自然不会是人与人的关系，而是人与物的关系。当然，教育（无论是实践还是理论）不可能没有科学的因素——不只是自然科学和社会科学的知识是教育的重要内容，而且科学研究的方法也是教育所不能不借鉴的。但是，教育首先是属于人文的，而非科学。在一般的科学研究中，科学家所面对的是客观现象（包括社会科学研究所面临的社会现象也是客观的），因此，科学家在研究中与研究对象是分离的——这是严谨的科学研究所必需的。但教育则不然。“教育——这首先是人学。”

（苏霍姆林斯基）“真教育是心心相印的活动。”（陶行知）这就决定了在理想的教育中，教育者必须融进教育对象之中，避免师生在精神上的分离。换句话说，师生交往的本质就是教师人格精神与学生的人格精神在教育情景中的相遇。

基于以上认识，我认为，在语文课堂教学中，我们当然可以把教师角色定为“导游”、“主持人”以及“导演”、“舵手”等等；但更重要的是，不管什么角色，教师都应该在课堂中营造一种“对话情境”。这里所说的“对话”，不仅仅是指教师和学生通过语言进行的讨论或争鸣，而主要是指师生之间平等的心灵沟通。这种“对话”，要求师生的心灵彼此敞开，并随时接纳对方的心灵。因此这种双方的“对话”同时也是一种双方的“倾听”，是双方共同在场、互相吸引、互相包容、共同参与以至共同分享的关系。“师生之间的这种相互作用或对话的交互性，说明二者的关系是一种互主体性关系，这不仅是指二者只是两个主体在对话中的互相作用，而且指二者形成了互主体性关系即主体间性，这样相对于对方，谁也不是主体，谁也不是对象，谁也不能控制谁操纵谁，或者强行把意志意见强加于另一方。”（金生鈜：《理解与教育——走向哲学解释学的教育哲学导论》）

而且，针对过去教学中的“教师中心”倾向，我们更强调对话情境中教师的“倾听”。毫无疑问，教师不但承担着教育的责任（我们并不因为“对话”而在思想上削弱这种责任感），而且无论专业知识还是社会阅历都在学生之上，但作为一个真实的活生生的人，作为一个和学生同样有着求知欲的成年学习者，教师同时也是学生年长的伙伴和真诚的朋友；在倾听学生言说的过程中，学生的见解和来自学生的生活经验直接或间接地作为个人独特的精神展示在教师面前，这对教师来说，同样是一份独特而宝贵的精神收获。如果说，在过去“教师为中心”的师生关系中，教师和学生相对于对方都是一种“他”者，双方的关系是一种“我—他”关系的话；那么，在对话情境中，师生之间是一种“我—你”关系。在这种关系中，使课堂教学的过程，对师生双方来说都是一种“共享”。师生之间人格的相遇、精神的交往、心灵的理解，便创造了也分享了真正的教育。这种教育，同时也是师生双方的生活，是他们成长的历程乃至生命的流程。

上面所说，对当今的语文教学乃至整个教育现状而言，当然只是一种理想，或者说只是我一厢情愿的“形而上”的思考。但这不妨碍我们在“戴着镣铐跳舞”的同时，对教育的明天作一些“应然”的憧憬。更何况，我们有不少教师已经在这方面做了许多有益的探索：我最近在苏州听了几位语文老师的课，他们上的都是同一篇课文《胡同文化》，每一位老师的个性、气质都不一样，他们在课堂中所展现出的角色形象也不尽相同，如果套用你的概括，他们有的像导游，有的像主持人；但在他们的教学过程中，无不充满着平等、民主、互相尊重、共同探索的现代教育精神。其中有一位老师上得似乎很“传统”，也就是说，除了偶尔抽学生答问，他基本上是一个唱“独角戏”，但他的几乎每一句话都充满着对学生心灵需求的尊重而富于探讨性、启发性和开放性。听他的课，没有被“灌”的感觉，相反，学生的思想闸门被教师思想的激流所撞开因而一泻千里……我之所以要特别提到这位老师，是想再次强调这样一点：如果教师本人具备真诚而自觉的民主精神，那么，不管以什么角色出现在学生面前，他都不会是学生思想的主宰者，而会非常自然地成为学生探索真理道路上的志同道合者，所谓“嬉笑怒骂皆成文章”。

由你的来信，我想到这些。我写这封回信，也是对我平时细思碎想的一次整理。思考总是在与人交流中不断提升，这也是对话的意义。愿这样的对话能够继续下去。

祝好！

李镇西

2002年2月23日

青年语文教师应该善于自己培养自己

李镇西：小赵，你好。好久没有用QQ在网上与人聊过天了，今天咱们开门见山，谈谈青年教师素质的自我提高，如何？

赵清芳：当然可以啦！我从分到石室中学的第一天起，你就是我的指导老师。可以说，四年多来，是最熟悉我的教学经历的了。

李镇西：呵呵，我就是想结合你的成长过程谈这个话题呢！

赵清芳：不敢说“成长”，权当回顾一下自己四年来的工作吧。哎，李老师，你为什么要强调青年教师素质的“自我提高”呢？

李镇西：道理很简单，别人的培养只是条件，真正的提高只能靠自己。现在我们一说到培养青年教师，就总是说“送出去学习”呀，“委以重任”呀，等等，这些当然是需要的，但素质的提高最根本的还得靠自己。

赵清芳：我想起你经常说的话：“苏霍姆林斯基是谁培养的？叶圣陶

是谁培养的？还不是他们自己培养的！”

李镇西：对！我仍然坚持这个观点：只有自己能够培养自己！好，还是先别说其他，先从你谈起吧！一九九八年刚到石室中学时，你的心情如何？

赵清芳：刚开始很自豪，甚至有点自傲。毕竟，这是一所千年名校，好多人都想往这挤呢。可几天下来，就有些心虚了。因为我教的班级原来是你在教，我一个新教师，可不是那么容易就能把课堂站稳的。记得在第一天的课上，学生给我提了好多要求，全是要求我向你看齐的——他们老拿我跟你比。这样一来，压力可就大了。

李镇西：你觉得这种压力是好事还是坏事？

赵清芳：我觉得是件好事，至少逼着我听你的课嘛。常言说得好，有压力才有动力。一个充满竞争、充满挑战、充满压力的环境，常常会在无形中逼迫自己不断提高、不断进步。当然了，这说的是外部的压力。在这一点，很多人都深有体会。除此之外，我觉得还应该有一个内部压力，即自己给自己加压。记得到石室中学的第一年，市里组织了初中语文赛课，我校的参赛老师突然生病住院，无法参赛。当时，您极力推荐我去。那时我的第一年见习期还未满，从未经历过这种大场合。但当时想的是，这事一则可以锻炼自己的胆识，二则可以见识一下高手，三则可以提高自己的教学水平，就算是上砸了，也是很有收获的。这样一想，便答应了下来。我想，这实际上就是自己给自己加压，自己给自己找事，在压力中努力，在努力中提高。

李镇西：那次公开课，你上得比较成功，这自然对你是一个鼓励。但我想，即使上砸了，也是锻炼。不仅仅是受挫心理的磨炼，而且备课的过程也是锻炼。因此，对年轻人来说，争取上公开课，不管成功与否，都是难得的锻炼！当然，这只有对于有事业心的人来说，才称得上是锻炼。没有追求，就无所谓了，上得好上得不好，都无所谓。作为青年教师，更应该要有追求，要一开始就要把教育当成事业，而不仅仅是“饭碗”。

赵清芳：很赞同你这句话。讲个插曲，有一次上公开课，组上要求另外一位青年老师也参加，但她无论如何也不愿意。可能跟她的性格有关，不太关注这种事情。而我比较关注，觉得对自己是个机会，锻炼的机会，成长的机会，所以，我会抓住它。

李镇西：事业心并不抽象，就是通过诸如争取上公开课这样的小事体现出来的。另外，开学前，你第一次和我见面时，听说我第二天要在市里开讲座，你就要求去听，第二天还真就去了。这也体现了你的追求精神——如果换一个没有上进心的青年人，才不会去呢！当时我就很感动，觉得领导分配给我的这个徒弟真不错！呵呵！

赵清芳：记得你有一篇文章叫《做一个有追求的教师》。的确，如果一个人没有追求，没有目标，是很难长期保持工作的激情的，也是很难有很大的成就的。不过，这里还应该有一个前提，即对这份工作的热爱。有一些教师，素质很好，也想做一些事情，但因为对这个职业不甚喜欢，懒得投入，所以最终收获不大。我曾经写过一篇散文，题目就叫《是职业，更是事业》。我一直以为，教书不仅仅是一个工作，一个用以养家糊口、安身立命的职业，对我而言，它更应该是我的事业，是我生命中可以倾其全力为之努力、为之钟爱的事业。爱它，为之付出真诚，永远不停下奋斗的脚步，这是我对它的承诺，也是我对自己的承诺。所以，首先是热爱，就像生命始终热爱朝阳一样。这样，你才可能去追求，去进步。

李镇西：热爱自己的本职工作，做一个有追求的教师，这应该是你刚才所谈的两点体会吧！概括起来，也就是“热爱”、“追求”两个词。这是思想层面的，除此之外，还应该有行动层面的，也就是如何去热爱、如何去追求。

赵清芳：对。光有思想上的热爱和追求是不够的，还必须有实际的行动。这四年中，我的体会可以用四个字来概括：读、思、写、问。

李镇西：读，指读书；思，指思考；写，指写作。那“问”是指什么呢？请具体谈谈你的体会。

赵清芳：先说“读”吧。我很喜欢读书，这是以前养成的一个习惯，参加工作后受你的熏陶，“变本加厉”了。“书籍是人类最宝贵的财富。”这话说得一点没错。能够时常与书籍为伴的人，一定是一个精神富足、知识渊博的人。人不可能永远吃以前的老本，要不断地吸收别人有益的东西。吐纳和吸收应该是同时进行的，这样才可能让自己永远有吐纳的资本。前不久写了一篇文章，叫作《重新审视教师的一桶水》，专门谈了自己这方面的体会。

你也是个嗜书如命的人。记得我们第一次谈话的时候，你就专门向我提到了“读书”，要求我一定要多读书，还向我推荐了很多书目，要求我必须读。

李镇西：是呀，第一次你到我家里，走的时候就从我书架上抽走了好些书。在我给你推荐的书里，你印象最深，感到最有启发的是什么书？

赵清芳：你给我推荐的书目很多，这里主要说说语文教学方面的书籍吧。有苏霍姆林斯基的两本，《给教师的一百条建议》和《教育的艺术》；有叶圣陶、吕叔湘、张志公的《语文教育论文选》；还有《中国著名特级教师教学思想录》、《审视中学语文教育》、《中国语文教育忧思录》等。另外就是你的著作：《爱心与教育》、《从批判走向建设》、《走进心灵》、《教育是心灵的艺术》。还有每位语文教师都很熟悉的两本杂志：《中学语文教学》和《语文学习》。

这些书籍对我的影响都比较大。如果要说印象最深、启发最大的，主要有两本：《给教师的一百条建议》和《爱心与教育》。这两本书都有一个共同点："爱"字贯穿始终，这也是这两本书给我的最大教育。爱教育、爱学生、爱生活、爱自然，唯其如此，才能以一颗宽容的心对待一切。那么，具体到教育当中，便是以爱心对待学生，以爱心对待事业，以爱心对待生活。如果套用一句行话，便是我们今天广泛讨论的人文教育和人道主义教育。苏霍姆林斯基在几百年前就提出了这一见解，而我们今天却依然还在讨论不休争论不止，有时想起来，真觉得有些滑稽。

李镇西：从你以上列的书目来看，既有经典，也有最新研究成果，读书就应该这样，传统与时代相结合。但"读"只是一个方面，更重要的是要将书中的营养化为自己的血肉，把大师的思想熔铸在实践中。

赵清芳：的确。读书既要学别人的东西，也要有自己的东西，不能盲目照搬，也不能一点不要。用鲁迅先生的话说，就是要学会"拿来"。根据自己的需要，找到适合自己的教学思想、教育理论，然后"拿来"，内化为自己的东西。

李镇西：现在许多老师都叫苦，说没有时间读书。其实，养成习惯，就不会没有时间。

赵清芳：首先是要有读书的习惯，其次是要学会利用问题，见缝插针、手不释卷。

李镇西：回想我的经历，除了读书，我感到写作对我的成长帮助极大。

赵清芳：这一点我也从你身上学到了不少。记得当时你隔三岔五就拿两篇文章给我看，而且不停地鼓励我要多写，多积累。

李镇西：是呀，我的好多文章，你都是第一读者。我觉得教师写作不一定只写论文，最好的是写教育手记、教后记之类。随意而自然。而且，不在乎一下子写多少，而在于要不停地写。

赵清芳：你还要求我一个月必须写一篇文章，而且争取发表。对我都是激励。原来我以为不可能，但后来觉得完全可以，无非就是将平时的一些点滴感受写下来而已。积细流方能成大河，积小土方能成高山。尤其是平时那些闪耀的灵感，更应该及时地抓住它，积累下来也是一笔财富。不一定非要很正规、很正式的论文，随笔式的、散文式的，也挺好，而且这样不要求你一口气写多少，有话则长，无话则短。

李镇西：写作的意义对青年老师非常重要。因为写作不仅仅是单纯的写作，它必然伴随着实践、阅读与思考。它与实践相随，与阅读同行，与思考为伴。实践是它的源泉，阅读是它的基础，思考是它的灵魂。

赵清芳：在写作中思考，在思考中写作。写作本身也是一种思考，在记下教学点滴的同时，也就是在对自己的教育进行反思。总结不足，发扬优点。而且，教师的写作不一定只针对教学，尤其是语文教师，随笔、杂文均可。你就很赞成语文教师写下水作文，我现在把你这点也学到了。不过写得不多。有时候还是学生逼我写。

李镇西：说起来，我对你的所谓“指导”，无非就是要求你多读多写。我的所谓“带”，并没有听你多少课，但我看你的文章看了不少。呵呵！

赵清芳：回想起来，你对我的指导是宏观的，着眼于长远的发展，重在教育的思想和理念。教学本身是一种由生到熟的行为，关键是指导你行为的思想。你常常在谈话中就不知不觉地向我传输着教育的理念，或者通过对我文章的评论，来进行某些观念的熏陶。提到文章，现在我回头看自己以前的文章，一比较，就发觉有很大的不同。

李镇西：哪些不同？

赵清芳：最大的变化是语言。最初的语言是很生涩的，板着面孔，一本正经。现在觉得自然多了，也流畅多了。所以，这文章一定要多写才能提高。其次是观点，从我文章谈到的观点，就基本可以看出自己这几年的教学之路，而且有些思考也比以前有深度了。再有就是写作的内容，以前老觉得要写就写大部头的，一来就做大文章，现在觉得不一定，有感觉就有文章，有思想就有文章，哪怕只是一点点火花。

李镇西： 有感而发！无论阅读还是写作，关键还要有思想。用思想统帅读和写。

赵清芳： 的确。我们要求学生写作文要有感而发，要有思想，自己写文章也一样。当然，这种感觉、这种思想是需要你用心发现、用心意识的。

李镇西： 思想是阅读的眼睛——用思想去关照书中的内容；同时，思想也是写作的灵魂，没有思想，文章就没有了生命。但这个思想，还不仅仅是读写的时候，平时也要有思想，要养成思考的习惯。人们不是常说“一个作家应该同时是一个思想家”吗？那么，同样的道理，任何一位教育者都应该同时又是一位思考者。特别是语文教师！而且这个思考应该包括很多方面。最基本的是要从司空见惯的“真理”中发现谬误。

赵清芳： 记得有一年高考作文叫《习惯》，人就是要勇于跳出某些所谓的“习惯”，才能冲破思想的牢笼（你的话）。而语文教师，尤其要敢于冲破这个“牢笼”，要有自己的见解和主张。大到对中国教育、语文教育，小到对一篇课文、一个字眼，都要有自己的思考和认识。在这一点上，学生对语文教师的要求比其他课的教师更高。这里讲一个小故事。有些学生，每到语文课就拿出教学参考书，就看你老师怎么讲。若跟教参一字不差，他便不再听课，只管抄笔记就行。这就说明，学生最希望教师能够有与教参不同的东西，也就是有自己的独特思考。语文学科不同于理科，尤其是涉及见仁见智的话题，最能见出教师的底蕴。所以，做一个有思想的老师，尤其是做一个有思想的语文教师，很难，但应该成为我们追求的目标。

李镇西：理念总是通过细节表现出来，而细节便渗透着思想。就像你上面谈到，对一篇文章的认识，对一个字眼的推敲，都能见出语文教师的思想。所以，一堂好的语文课，应该是教师与学生共同闪耀着思想的火花。刚才我们谈了这么多，都是围绕你说的“读”“写”“思”三个字进行的。现在，谈谈你所说的“问”吧。

赵清芳：我说的“问”实际上就是向其他教师的讨教学习，尤其是向那些有经验的教师学习。我们学校实行的是导师制，即每一位刚参加工作的青年教师，学校都会派一位经验丰富的教师指导他、帮助他，以尽快熟悉教学。这种方式对青年教师的成长非常有帮助，我对此就深有体会。跟踪听课，随时请教，这些老教师们的经验足够我们好好学习的。

李镇西：跟踪听指导教师的课，当然好处多多，尤其是对刚刚参加工作的青年教师。不过，听课也要有选择，不要盲从，还要有自己的主见。

赵清芳：当然了。就像我们前面谈到的，要有自己的独特思考。我觉得听老教师的课，一要带好耳朵，二要带好脑袋。带好耳朵，是要认真听取他们的优点长处，吸取其教学上的精华，为己所用。带好脑子，是要有自己的思考，不能完全照搬模仿。毕竟，每个人的教学风格是不一样的。当年你指导我的时候，我们组长就告诉我说：“你可以学习李镇西的某些东西，但你绝不可能成为第二个李镇西。”这位老教师的话道出了一个朴素的真理：每个人的个性不同，其教学风格、教学特点更是各有千秋。所以，青年教师听老教师的课，要有自己的独特思考，有自己的独特风格。

李镇西：以批判的眼光来学习。一方面要学习老教师的优点，但另一方面又不能完全盲从而失掉自我。这样，才能形成自己的特点。除此之外，还要注意学习的范围，不能只是局限于某一位教师或是某一门学科。

赵清芳：每位教师都有自己的优点，如果能尽可能地把这些优点学习吸收，便可以做到多面发展、多面进步。同样，听听其他学科的课堂教学，也是一个取其精华、去其芜杂的过程。可惜的是，我在这一点上做得并不好。

李镇西：青年教师的成长当然要向其他有经验的老师学习，但还有一点很重要，就是向学生学习。这点往往被忽略。

赵清芳：是的，我想到陶行知的话："人只晓得先生感化学生锻炼学生，而不知学生彼此感化锻炼和感化锻炼先生力量之大。先生与青年相处，不知不觉的，精神要年轻几岁，这是先生受学生的感化。学生质疑问难，先生学业片刻不能懈怠，是先生受学生的锻炼。"

李镇西：对于一个胸襟开阔的老师来说，主动听取学生对自己教学的意见，就是向学生学习；学生对我们不满意，提出这样那样的意见，促使我们改进教学，这就是学生在帮助我们提高。我每学期都要搞一次教学调查，问学生："李老师本期上得最好的一篇课文是哪篇？""李老师本期上得最差的一篇课文是哪篇？""李老师本期出的最好的一道作文题是什么？""李老师本期出的最差的一道作文题是什么？"等等。

赵清芳：在教学过程中，学生有时候思路比老师还开阔，对课文的理解往往更有见解，这也帮助老师拓宽了思路。这也叫向学生学习吧！其实，学生值得我们学习的地方多着呢！比如今天我能够和你在网上聊天，就是学生教我的。

李镇西：青年教师自身素质提高是一个很大的话题，如果要深入说下去，足足可以聊"一千零一夜"！呵呵，说了这么多，其实我自身的素质也好不到哪里去——虽然我已经不是青年。真的！不过，今天与你聊天，我收获倒不少。我们一起努力吧！愿几年后我们都有了新的进步再来聊这个话题，一定会有新的体会。再见！

赵清芳：我想一定会的。谢谢李老师！再见！

PART4

第四辑　真实的课堂教学实录

我对孩子们说："这篇小说你们一定要记一辈子！等你们80岁的时候，再把这个故事讲给你们的孙子听。你们就说，"我开始模拟着说："这故事呀，是爷爷小时候听李校长讲的，当然，这位李校长已经死了很多年啦……"

请学生吃“面”

我有一个愿望，就是到每一个班去上课，让武侯实验中学的每一个学生都能听我上课；同时，让每一个孩子都能聆听《一碗清汤荞麦面》的小说——这是我特别喜欢的一篇小说。

作者栗良平1987年创作，次年就发表在中国的《外国小说选刊》上了。我当时读了之后非常感动，赶紧给我高二的学生朗读，并说：“如果这篇小说能够选入中学语文教材，多好呀！”没几年，这篇小说果真选入高中语文教材第四册。遗憾的是，前几年又被删除了。

但文中所表达的人性之美，却无法从我心中删除。我教的每一届学生，都会听到我给他们读这篇小说。

要说这篇小说的主旨，就两个字：善良。

最近一段时间，每次我走进初一的班级，给孩子们朗读并讲解这篇小说，总能够在孩子们心中掀起波澜。孩子们用非常专注的眼神看着我，我能够感受到他们眼中明澈的光芒。只要是讨论，教室里叽叽喳喳，热闹非凡，每一个孩子都是那么投入。

结合小说故事，我给他们讲“喜欢”和“爱”的区别：喜欢是“占有”，爱是“付出”。我们喜欢什么，自然会让这个东西成为自己的；而所有真诚的爱，都是不图回报的。比如，你喜欢这支钢笔，就会把它买下来，让它成为自己的；但母亲对你的爱，老师对你的爱，不是要占有你，而是不求回报。

我给他们讲爱的最高境界是不动声色，不露痕迹，不事张扬。让人们因为我的存在而感到幸福，但别人又不知道是你给他的幸福。

当然，这些道理我都不是空谈，而是通过一些生活中的例子，同时用孩子们能够理解的语言给他们说。有时候我的语言可能比较幽默，教室里常常爆发出哈哈大笑声。

那氛围，特别好。

同学们对我特别亲近，特别依恋。前来听课的作家童喜喜说：“孩子们太喜欢你了，你太有亲和力了！”昨天，在初一（17）班讲了课之后，临走时，孩子们居然叫我“帅哥”，他们一起喊：“帅哥再见！”

最近几天，常常有学生自发给我写他们的听课感受——

李校长很幽默，是我见到的最好的校长！希望李校长下次再来给我们讲课！（欧家豪）

我想对李校长说：“我觉得这碗清汤荞麦面非常好吃！你讲课时的那份幽默深得我们全班同学的喜爱。我希望您能把这《清汤荞麦面》带给所有人！”（李燕）

我想对您说，您真的太幽默了！您有一颗使人快乐的心。我也会像您一样，把快乐带给别人，让他们快乐。希望您以后还能到我们班来上课！（余艳秋）

《一碗清汤荞麦面》这篇小说告诉我们，做人要善良，仁慈，保持一

颗上进心，不仅要在熟人面前表现出善良，还要在陌生人面前微笑致意。（文雯）

听完课后我觉得在人生的道路上虽然有无数坎坷，但是要用行动克服困难，还应该要有一颗善良无私的爱心，给予他人帮助。爱，是高尚，是无私的！（李英男）

李校长，您讲的故事真好听！您是一位好校长，一位了不起的校长！我要向您学习！（贺跃跃）

李老师，您好！听了您给我们上课后，我懂得了很多。李老师，发现您在给我们讲课的时候，您并不像一位校长，而是像我们一样活泼可爱的孩子！我发现李老师您真的很适合教语文，您的朗读非常好，您的字也写得很好，而且最主要的是，您上课很幽默，让我们感觉很有趣。您讲的话让我们很想知道您想要讲的下一句是什么。我真的好希望您能常常到我们班上语文哦！李老师，请问我们能再有荣幸请您再给我们班上一堂课吗？希望您能够答应，谢谢！（徐茂益）

唉，李老师，我真的好想大声说出，您的大手真的好温暖！当大手包裹着小手，心里一股暖流在涌动！哦，还有，我还想多吃几碗面呢！您永远是我们的老师，我们最和蔼的老师！（李雨）

李老师，你给我们的第一印象是有一颗童心。虽然我们年龄相差很大，但你却能让我们感到你和我们同龄，有着一样的感受，一样的体会，一样的幽默……真很想让李老师给我们再上一节课！（寇鑫灵）

在这堂课中，我发现你的童真还未泯。您上我们的课并没有距离，我离你很近。这碗面我吃得很香，很饱！（李岚）

我想对李老师说：“我看过你写的一本书，那是在我四年级的时候，我从我哥那儿借的，书名叫《做最好的家长》。我还鼓励我爸爸看过，因为里面讲你女儿的有些感受真的和我的感受一样。你女儿和你居然可以如此融洽，从你教你女儿写给一位贫困地区儿童的信上，我就知道你很称职！”（魏梦尧）

李老师，你真是一个学生不害怕的校长！您走到同学们身边带来的不是一副臭脸，而是欢声笑语。我从来没听过这么精彩的语文课，要是李老师经常来给我们上课该多好！（陈黎）

……

孩子们对我的喜爱，实在让我开心！

我对孩子们说：“这篇小说你们一定要记一辈子！等你们80岁的时候，再把这个故事讲给你们的孙子听。你们就说，”我开始模拟着说：“这故事呀，是爷爷小时候听李校长讲的，当然，这位李校长已经死了很多年啦……”

话还没说完，孩子们已经笑得前仰后合，甚至开心得拍桌子捶板凳了……

我的导学稿

最近我校的课堂改革搞得轰轰烈烈。

我们的课堂基本模式就是导学稿加小组合作。

我的基本思考是："以人为本"不是一句口号，这四个字应该体现在我们每一天的课堂上。

重新定位师生关系。

把教的过程变成学的过程，教师的教服务于学生的学。

教师讲得再好，学生不会，等于零！

我曾经带头上了一堂语文课，讲张晓风的《春之怀古》。老师们反应不错，但希望我上教材上的课文。于是，2010年5月27日星期四上午，我带头上了两节研究课，和学生一起学文言文《狼》。很多老师都来听课。在这两节课上，我颠覆了我过去的教法，完全把课文教给学生。

就新模式的操作而言，我还不够熟练，但对我来说，已经是一个进步。而且课后我听说学生们都觉得这两节课时间过得快，还有一个同学因为在课堂上没有机会和同学交流表达而急哭了。就凭这些，我就觉得我这两堂课是成功的。

我临时决定下午再在另一个班上两节课，同样讲《狼》，只是教学方式就用我所擅长的方式生动地讲。下午，我果真在另一个班讲课，好多老师也来听。应该说我讲得很细，逐字逐句地分析翻译，也很生动，学生听得相当专注，课堂上不时响起欢乐的笑声。

昨天早读时，我突然袭击，在两个班同时考试，内容就是《狼》。然后我很快批改统计分数。结果，新模式教学方法的班，学生平均分86.24分；传统教法的班，学生平均分71.9分。

这充分说明：老师讲得再生动，都无法取代学生的自主学习。

一天上了四节课，很累，但很开心。

附一：

《春之怀古》导学稿

同学们：大家好！

很高兴我能够和你们一起来阅读欣赏一篇散文《春之怀古》。

就一般情况而言，我们读一篇文章的流程应该是怎样的呢？我想，是不是至少应该分四个步骤：首先，要把文章读一遍，或者朗读，或者默读，总之至少要读一遍，能够多读几遍当然更好。

其次，要扫除字词障碍，在读的过程中，必然会有不太熟悉的字或词，那就要动手翻工具书查一查把字音、意思弄懂。

前面两个环节做好之后，再仔细读，目的是感受文章的妙处，找出你认为写得最好的语句，或者说最能打动你的地方，将这些部分勾画出来，想想：好在什么地方？你有什么联想？如果可能，可以和周围的同学交流交流。

最后一个环节，就是要从文章中提出问题：不懂的地方，迷惑的地方，甚至怀疑是作者写错了的地方，都可以提出来，自己思考，或者与同学讨论碰撞。这四个步骤，简称为"朗读""除障""欣赏""质疑"。还可以俗称为"读一读""查一查""画一画""问一问"。

我们学《春之怀古》就尝试用这样的方法去学习，好吗？

【预习导学】

一、朗读（读一读）

有表情地把课文至少读三遍。

读的时候，拿着笔，在不认识的字词上做记号。

二、除障（查一查）

1.听说过这篇文章的作者吗？如果知道，请说说你对作者的了解。如果不了解也不要紧，请你通过工具书、参考书或网络查一查好吗？并把作者的有关情况简要写在下面。

2.在你刚才朗读文章的时候，一定有不少生字难词吧？请查辞书字典把这些字词弄懂。你都查了哪些字词呢？请把它们写在下面，并写出其读音和意思。

三、欣赏（画一画）

我相信，这篇文章一定有让你怦然心动的地方——或者是某个字，或者是某个词，或者是某句话，或者是某个段落……请你把它勾画出来，并写上批注（直接写在课文上，不用写在这里），谈谈你为什么觉得这个地方写得好。

四、质疑（问一问）

1.动脑筋推敲文章的内容和语句，提出一个值得研究的问题考考周围的同学，但你要能够知道这个问题的答案。请把这个问题及其答案写在下面。

2.写出一个你不能解答的疑问。

【交流分享】

一、互相考一考

各小组内交流各自查的生字难词。然后，小组之间互相考考。

请小组同学交流对作者的了解，然后请一个同学给大家说说。

教师补充作者的其他作品。

二、一起读一读

全班同学齐读。

分小组比赛朗读。

教师朗读。

三、大家说一说

小组内交流，每个同学都说说自己被文章打动的语句。

请小组派代表轮流来对全班同学说说他们的感动。

教师说自己的感动。

四、彼此问一问

小组内交流各自的疑问。

请小组派代表用问题去考其他小组的同学。

全班自由提问。

教师提问：这篇文章究竟要表达什么？仅仅是对春天的赞美吗？

五、总结收获

1.你新学了哪些字词？

2.作者通过这篇文章究竟要表达什么？

3.你在写法上有哪些新的收获？

4.试试能否仿写一段话。

附二：

《狼》导学稿

教学构想：

第一，真正把课文还给学生，把学生推到前台，让他们充分展示，把以前本来由我做的事统统交给学生！

第二，体现层次差异，尽可能因材指导，让不同基础的学生都有成就感。

第三，让激烈紧张的气氛始终充满在课堂上，让小组之间的比赛贯穿整个教学过程的始终。及时计分，当场奖励。

第四，培训小组长，让小组长成为小老师。

课堂研讨与分享

1.学习内容：《狼》

2.学习目标：

A级目标：翻译全文，一词多义，明白写法

B级目标：翻译全文，一词多义

C级目标：翻译全文

3.重点难点：文言文翻译的方法

第一节课

第一个环节（指导预习，检查预习情况，找出学习困惑；教师“一查”自学进度、效果）

同学们：

我很高兴能够和你们一起来学这篇《狼》。

文言文同学们不是第一次接触了，可是你能不能把一篇文言文很准确地翻译为现代文呢？我们今天学这篇《狼》的主要目的是学会翻译。说到文言文翻译的方法，其实很简单，就五个字：增、删、移、留、换。

所谓“增”，就是增加字数；所谓“删”，就是删去不必要或翻译出来反而影响表达的字和词；所谓“移”，即调整语序以适应现代汉语的习惯；所谓“留”，就是保留人名、地名以及和现代汉语词义、句式和习惯相同的字词；所谓“换”，就是古代用语与今天表达习惯差异较大的字词必须换掉，使其表达清楚。

好了，我们今天就根据这五个字来试着翻译这篇课文，好吗？

1.请先朗读课文（个人朗读，小组朗读，全班朗读）。

2.设计微型试题（出题者要有正确答案）：

（1）听写。（找十个字，每个字2分，共20分）

（2）给下列加点字注音。（十个字，每个字2分，共20分）

例：缀（ ）行甚远

（3）解释下列加点字。（十个字，每个字2分，共20分）

例：弛担持刀

（4）翻译下面的句子。（两个句子，每句10分，错一处扣2分，共20分）

（5）写出你自学中没有能解决的难题，比如哪个字不理解，哪个句子不知道怎样翻译，等等。（一个难题5分，共20分）

3.组内互考：将预习时出的微型试题拿出来，同层次的同学互相考，然后互相批改打分。

各小组长宣布本组的分数段和遗留的难题。

表扬满分和高分，表扬出题无错的同学。

☆比赛计分规则：凡是按要求出了试题的，小组计10分；累加所有试题的得分。

小组长将自学中没有能解决的难题写在小黑板上。

第二节课

第二个环节（围绕困惑对学、群学）

关上课本，拿出活页课文，分小组互相翻译课文，力求遵循那五个字的原则。教师巡视，参与学生研讨，发现问题。

☆比赛计分规则：老师根据各小组学习状态，加10—50分。

第三个环节（以小组为单位，在组长组织下，“展示”学习成果，谓之“小展示”；教师“二查”展示过程中暴露的问题）

不同层次的同学翻译课文，其他同学纠正。小组长记录翻译中的问题。AB层次的同学归纳出至少三个一词多义的词。A层次的同学还要说出：自己最欣赏课文哪一点？或课文有哪一点不足？

小组长将翻译中的难题和一词多义写在小黑板上。

☆比赛计分规则：老师根据各小组学习状态，加10—50分。

第四个环节（教师根据小展示暴露出来的共性问题，组织全班“大展示”）

1.组际竞赛，通过抢答解决刚才暴露的难题（写在小黑板上）。小组之间互相考句子翻译，也可以就写法提问。

（我的问题：屠户一开始就决定勇敢地和狼搏斗吗？课文最突出的写作特点是什么？）

2.每个小组将一词多义的词写在小黑板上，同时说出自己对课文内容或写法的感受。

☆比赛计分规则：挑战者计5分，应战者答对计10分，答错扣5分。

小黑板展示根据质量计20—100分。

第五环节（学生归位，整理知识，组内互测；教师了解学生掌握情况。引导学生写学习总结和反思）

1.每个同学当场出一套微型试题。

格式：

（1）听写。（五个字，每个字4分，共20分）

（2）给下列加点字注音。（五个字，每个字4分，共20分）

例：缀（ ）行甚远

（3）解释下列加点字。（五个字，每个字4分，共20分）

例：弛担持刀

（4）翻译下面的句子。（两个句子，每句10分，错一处扣2分，共20分）

（5）默写一、二、三、五自然段中任意两个自然段。（错一个字扣1分，共20分）

2.先出完题的，马上自行复习迎考；所有学生出题完毕后，立刻交换互考，然后互改互评。

教师通过小组长，了解学生们考试得分的情况。

☆比赛计分规则：凡是按要求出了试题的，小组计10分；累加所有试题的得分。

如果有时间，举行小组之间的背诵比赛。

公布各小组得分，当场发奖。

3.组内口头交流总结与反思，课后写在本子上。

（1）我的进步（和过去有什么不同？我有什么进步？）

（2）我的收获（新学了什么知识？学会了什么方法？）

（3）我的遗憾（还有什么遗留的问题没有解决？打算怎么解决？）

（4）对老师的评价（老师用这样的方法好不好？如果好，为什么好？如果不好，为什么不好？如果觉得好，那还需要怎么改进吗？如果是百分制，你给老师这堂课打多少分？）

附三：

《狼》传统教法

以下是我下午在对比班上那两节课的程序：

一、从一副对联引入课文："有志者，事竟成，破釜沉舟，百二秦关终属楚；苦心人，天不负，卧薪尝胆，三千越甲可吞吴。"

二、学生预习：1.熟读课文；2.自己根据注释扫除生字障碍。

三、学生朗读课文。

四、听写生字。

五、教师逐字逐句讲解翻译。

六、总结：1.一词多义；2.古今异义；3.写作特点。

七、课后练习。

无法预约的精彩

——作文评讲《感动》片段实录

今天上课是给学生评讲作文，作文要求是以"感动"为话题写一篇自己所经历感动的文章。本来，我的作文评讲课已经形成套路，或者说模式，但今天课上依然有我无法预约的精彩。

有一个环节是“佳作亮相”，就是推出一篇写得最优秀的作文，让作者朗诵。今天的佳作是《甜甜的笑，震动了心》。课前，我对这篇文章是否确定为佳作还有一个波折。

在批改作文时，我读到这样一篇作文——

甜甜的笑，震动了心

周超

在人生中每一个人都会碰上各种各样的事，每件事给自己有不同的感觉：有激动，有高兴，有伤心，有感动……无数种感觉仿佛都有魔力似的，而“感动”更是时时刻刻牵动着我每一根神经。一个动作，一个声音，一个笑脸都蕴藏了不可忽视的魔力，正如那一次：

我瘫在书城的椅子上，心中哀叹道：终于买完了。看看手中的布袋（提倡低碳生活）里装满了书。哈！满载而归。可是又看看外面，正是烈日当空，我不敢逾越“雷池”半步。心中叹道：世界上一定没有比太阳公公上班更“热情”的人了。别人是朝九晚五，它是朝七晚六。但最后我还是举了白旗，出去了。

正当我感到口干舌燥时，我听见一个甜美稚嫩的声音：“姐姐。”这声音就像是一缕春风，荡进心中，赶走了炎热，让我忍不住停下一切行动，看向她。她是一位极可爱的小妹妹，十岁左右，双手紧紧抱着一沓报纸。她见我转过身，又怯生生地问：“您要买一份报纸吗？”

起初我认为她是一个城里的孩子，出来卖报是为了锻炼。所以我笑着摇了摇头。女孩看见我摇头，那双充满渴望的大眼睛黯然失色，像是斗败的公鸡，把头垂了下来。我心想着：出来锻炼，就不一定会一帆风顺，俗话说得好“不经历风雨，怎么见彩虹”。要学会播种希望，收获失败；播种失败，收获磨炼；播种磨炼，收获最终的成功，成为最终的胜者。可当我再次打量她，发现她穿着有些发黄的白上衣，牛仔裤也洗得发白，娇瘦的身子看起来觉得营养不良。怎么看也不像城里的孩子。如此穿着打扮，和这个城市格格不入。

我恍然大悟，她应该是家里贫困吧！看着她垂着头，嘴里念念有词，我走近一听：“奶奶的病怎么办？”我只听见了这一句，可是够了，足以让我的心漏跳了半拍，足以让我鼻子泛酸，足以让我感动。可是我要怎么收回我刚才的“摇头”呢？我正想着，那甜美的声音又回响起来：“咦！姐姐你还没走啊！”我又一次被感动了，刚刚还失望，现在却又燃起希望，她的坚强是多么的令人感动啊！我灵机一动，笑着说：“我不要一份，我要两份。”说完，我怕小妹妹怀疑我怎么突然改变主意，于是在后面又说：“好热的天啊！真是的，妈妈要看娱乐报，爸爸要看体育报，真是麻烦！”

看着小妹妹脸上那甜甜的笑，我真心地希望她奶奶能好起来。当她把报纸给我时，我看见她的手臂“黑白分明”，很显然这几天暑假她可没闲着……

几个月过去了，我一直记着她给我带来的感动，她对她奶奶的心，和她甜甜的笑容。

刚读到这篇文章，我感觉不太舒服，因为我觉得写得很假。特别是“看着她垂着头，嘴里念念有词，我走近一听：‘奶奶的病怎么办？’”之类的语言，让我觉得编造痕迹很重：这么巧，就被你听到了？于是，我随便在文章末尾打了一个分，就放在一边了。

这次作文中有几篇是明显的编造甚至抄袭，我打算找个别作者谈谈。

作文批改完毕，我在所有作文中，找了几篇佳作，然后又仔细研读，终于在其中确定了一篇，打算在评讲课上让作者朗读。

接下来，我开始找那几篇“虚假作文”的作者谈心了。几个作者谈下来，都很顺利。小作者们都红着脸承认了错误，表示以后用诚实的心写作文。

我把《甜甜的笑，震动了心》的作者请进了办公室。小女孩一走来，我就感到了她的单纯明澈，一双明亮的眼睛真的如清澈见底的湖水。我心里实在难以想象，这么一个单纯的女孩子会在作文中撒谎。于是，我很委婉地说：“你能把作文中的经历再给我讲一遍吗？”

小女孩根本不知道我在怀疑她，不假思索地就讲了起来，讲得很认真，包括一些细节。听着听着，自然地在心里做着辨别与判断。渐渐地，我被感动了。

讲完了，她依然天真无邪地看着我。那一双眼睛清澈得没有一点杂质！

这双眼睛告诉我：她的作文是真实的！她没有撒谎。

我当即决定：让她上台朗诵自己的作文。

但有很长一段时间，我觉得内疚，觉得对不起这个女孩子。我在想，我为什么会怀疑她呢？那是因为我“成熟”的心已经不再相信有什么纯真了！赵本山曾说过这样的话：在我们这个时代，说真话，就是幽默！他的意思是，人们说惯了假话，如果有人要说真话，大家反而觉得很搞笑，当然也不会相信！

可是，这个小女孩——她的名字叫周超，还有一颗没有被污染的童心。

今天，当她面对台下七百多位老师，用清脆稚嫩的嗓音读自己作文的时候，所有人都被感动了！

我特意牵着她的手，来到台前，我发现，许多孩子的眼睛里都噙着泪水。我回头对着周超说——我还没有开口，突然发现，周超的脸上已经挂满了晶莹的泪花！

面对这么一个善良的小姑娘，全场老师报以最热烈的掌声！

我对所有听课的老师说：“坦率地说，最初我读到这篇文章，以为是假的。但后来，我一看到周超同学这双明亮的眼睛，就确信这是一颗善良的心所承受的感动！我之所以曾经不相信这篇文章的内容，是因为我以成人世故的心来看童心，是我的心蒙上了灰尘！周超被卖报的小姑娘感动了，我们却被周超感动了。我想起卞之琳的诗句：‘你在桥上看风景，看风景的人在楼上看你。’周超在欣赏卖报小姑娘心灵的风景，我们在欣赏周超心灵的风景！让我们再次用掌声向周超同学表示敬意！”

掌声再次响起。

这是今天我上课开始，便掀起的一个高潮，或者说遇到的一个亮点。而这个“高潮”或“亮点”并非我事先设计，是孩子纯真自然的流露，感动了全场老师，也让我的课呈现出了所谓“精彩”。

在“片段欣赏”的环节中，方海伦同学读了他作文中对班主任老师的语言描写：“一次下课，老师一句关心的话感动了我：‘方海伦，你怎么还穿得那么少？快回寝室去拿衣服！’”

我说：“你们看，班主任老师的一句话就能够给方海伦同学带去感动，可见让别人感动是很容易的。”说到这里，我偶然看到教计算机的老师陈淑英站在舞台边上，她随时准备着在电脑出现故障时及时进行相关修理。我灵机一动，说：“你们知道吗？有时候同学们一句简单的话，也能让老师感动呢！去年十一月，我校一位年轻的陈老师上计算机课时，给同学们说：‘因为学校工作调整，我下周不上你们的课了，你们的课由另外的老师上。’就是这句话，让同学们很震惊，大家惊呆了，过了一会儿，一个同学站起来说：‘老师，我们会想你的！’接着许多同学都纷纷说：‘老师，我们会想你的！’同学们这一句句朴实的话，让陈老师非常感动。她感到了教育的幸福。晚上，她把这份幸福的感动写到了博客上，于是又感动了读到这篇博客的李老师。可见，所谓写感动，不是为写而写，而首先是在生活中被感动，抑制不住才写成文字的。同学们，现在这位被同学感动的幸福的陈老师就在我们旁边，”我抬手一指舞台一侧，大家的目光一下聚焦于不知所措有些害羞的陈老师，“让我们用掌声向陈老师表达敬意！”不仅仅是孩子们，还有全场所有老师都热烈鼓掌。陈老师站在舞台一侧，向大家深深鞠躬。

我看到，陈老师的眼里已经含着泪水。（课后，校长助理满泽洪老师对我说：“当时，我看到陈淑英老师感动得流下了眼泪！小陈平时不声不响，默默无闻地工作，从不和谁争什么。今天，你让她很感动！”）

说实话，课堂上的精彩还有不少——今天不少老师都说他们感到了“震撼”。

快下课的时候，我讲到了最近发生在河南的“红薯爷爷”的遭遇。一边是丧尽天良的无耻，一边是感天动地的善良！我给孩子们展示一张张图片，第一张是威风凛凛的城管队伍正昂然走在大街上，我对孩子们说：“城管代表国家管理市容，是应该的，大多数城管人员也发挥了积极的作用，但的确有少数人伤害了老百姓。”

字幕上显示出这样的文字——

11月9日，河南中年76岁的老汉赶着毛驴车拉了一车红薯和萝卜，走了8个小时赶到郑州贩卖，只为给瘫痪两年的儿子赚点钱买药，却遭遇一40岁左右的城管掌掴。一时间，网上反响强烈，纷纷谴责打人者，被打的老人被网友称为“红薯爷爷”。

有人在大河网提议：我们都去买红薯爷爷的红薯吧！结果得到很多人响应，大家相约一起骑车去红薯爷爷的家买红薯……

我展示了十几张图片，都是好心的年轻人去看望“红薯爷爷”的情景，特别感人。孩子们和台下的老师都被感动了。

我说：“对政府应该感恩吗？当然不应该。人民政府是人民用血汗钱养着的，就是要政府为百姓做事。你做好了，是应该的，用不着百姓感恩戴德；相反，你没做好，人民应该批评你，甚至罢免你！这是起码的公民意识！因此，我们现在进行感恩教育，感恩的对象是父母，是老师，是同学，是一切给我们以帮助的人，但唯独不应该是政府！我们应该摆正公民和政府的关系。”

我说：“我说的这些都不是我的观点，都是常识。温家宝总理也多次说过这样的话。”

我打出几段文字——

2005年11月26日，温家宝总理在哈尔滨市民杜继亮家，告诉他们政府采取了很多措施保证居民用水。杜继亮的大女儿说：“我们的生活井井有条，社会秩序也很好。谢谢党和政府，把群众放在心里。”温家宝听后意味深长地说：“你这话要倒过来说，应该是党和政府谢谢你们，谢谢群众的理解、支持和配合。”

温总理说：“我们的政府是人民的政府，我们的权力是人民给的，我们应该对人民负责。我们做得对的、干得好的，那是我们履行职责，应该做的。我们做得不好的、不对的，应该接受人民的监督，修正错误，改进工作。”

最后我说：“作为政府首脑，温家宝总理是摆正了自己和百姓的关系的。他有一颗热爱人民的心！让我们都向温家宝总理一样，永远拥有一颗热爱劳动人民的心！”

真情浓墨写童心

——作文评讲

时间：1999年5月6日　地点：成都石室中学

学生：成都石室中学初二（3）班学生

1999年5月6日，成都市教科所为我搞了一个“语文素质教育观摩活动”，我应邀在我班上了两节作文评讲课。

先说一下作文评讲的课前准备工作。这次我对学生作文的要求是：一是以自己的真实经历为素材，写一件使自己感到惭愧的事，题目自拟；二是在写作中突出描写，特别是心理描写。在学生按有关程序（写初稿、互相批改、自己修改定稿）完成作文的同时，我也和学生一起写作文（这也是多年来我给自己定的规矩）。我对所有作文进行了分析，确定了两篇相对写得好的作文，尽量发现学生作文中的精彩片断，还将学生作文中出现的错别字、病句一一找出来，归类整理。另外，我还选了两篇写作问题比较典型的作文，以供课堂上学生修改。最后，我从自己保存的过去我教过的学生的作文中，选了一篇同类题材的作文，准备供学生参考。

第一课时

作文评讲课一开始，我就通过电脑在大屏幕上打出一行大字："真情浓墨写童心"。

我对学生解释说，这一句话概括了这次作文的要求："真情"是说要真实，不能胡编乱造；"浓墨"就是要注意描写，特别是心理描写；"写童心"就是写自己的心灵世界。"值得高兴的是，这次相当多的同学的作文达到了或基本达到了这些要求，其中不少同学的作文还很感人。同学们请看今天的第一个板块'榜上有名'！"我一边说，一边在屏幕上打出"榜上有名"四个字和一串姓名，同时大声念了这些学生的名字。

我说："这些同学的作文有一个共同点，就是感情真诚，而且描写真切。其中有两个同学的作文最为出色。那么，入选今天第二个板块'佳作亮相'的同学是谁呢？"我稍微卖了一下关子，在同学们猜测和期待的目光中，我朗声说道："请周晓竺同学登台朗读她的佳作！"在学生们的掌声中，屏幕上打出"佳作亮相"四个字，周晓竺同学开始朗读她的作文。周晓竺的这篇作文写的是一件极其普通的小事：因为当上了班委学习委员，她原来的英语科代表职务被班主任安排给了同桌于若玲同学，对此，非常喜欢英语的周晓竺心里特别不痛快，而于若玲恰恰又是自己最好的朋友！于是，一种微妙的心理便产生了。对朋友的不满、怨恨的情绪，笼罩在两个都很善良纯洁的好朋友之间。文章中的故事没有人为的结果，自始至终都充满了对朋友真诚的愧疚。当周晓竺在朗读这篇作文的时候，学生们显然都被深深地感动了。

文章念完了，学生们以他们的掌声表达了对这篇佳作的赞赏。但亮相并未就此结束，我趁热打铁，对周晓竺进行了简短的采访："你能不能给大家说说为什么文章中会有两处分别写了'千钧的重物被吊在一根细头发丝上，在我眼前晃动'和'我心里那个胀得鼓鼓的红气球，霎时把气放了个精光'？"

"我这是用比喻来描写我当时由紧张到松弛的心理变化。"周晓竺解释说。

"哦，明白了。——好，祝贺你！"我和学生们再一次向她报以热烈的掌声。

"今天，第二位'佳作亮相'的是蔡峰同学。"我说，"别看蔡峰同学平时的作文好像不怎么样，但我想他今天的作文可能会打动在座所有同学的心！"

蔡峰的作文题目是《灵魂的搏斗》，写的是初一的时候一次老师收随笔，他因为没有写，便随便抄写了一篇交了上去。那天，老师评讲随笔，表扬了坚持认真写随笔的同学，蔡峰却感到了弄虚作假的羞愧和痛苦："我的脸红得像太阳一样，耳朵也红得像火。此时，我紧张万分，恨不得马上下课，这可是我认识李老师以来第一次盼望语文课的下课铃！……我失去了一颗诚实的心。虽然李老师一点儿都没有点名批评我的意思，甚至他可能根本就不知道我交上去的随笔是抄袭的，但我仿佛觉得全班每一个同学都在用轻蔑的目光看着我……”没有掌声，整个教室一片沉默。可能学生们的心还停留在蔡峰“灵魂搏斗”的战场上……

“刚才我采访了周晓竺，现在我把采访蔡峰的任务交给同学们。大家对这篇佳作有什么看法，可以向蔡峰同学提出。”我说。

我的话音刚落，胡夏融同学举手了：“我认为这的确是一篇佳作，我听了以后很感动。但是我认为这篇文章也有不足。刚才我听得很清楚，蔡峰说‘我的脸红得像太阳一样，耳朵也红得像火’，这里，蔡峰用颜色来写自己的心理活动，我认为不妥当。因为一个人可以感觉到自己的脸发烧，但不可能看到自己的脸和耳朵很‘红’。”

我马上问蔡峰：“你认为胡夏融同学的这个意见怎么样？”

蔡峰真诚地说：“很好，我非常感谢他！”

这时，掌声终于响起来了。

两篇佳作念完了，我小结道：“刚才的两篇文章，当然不能说已经完美得无懈可击。我们之所以认为周晓竺和蔡峰的作文是‘佳作’，那是因为这两篇文章都有一个共同点——”仿佛知道我要说什么，学生们情不自禁地一起说了出来：“真诚！”

“对！”我高兴地说，“内容真实，感情真切，是这两篇文章最突出的优点，也是所有优秀文章的灵魂！两位同学所写的事都是生活中极普通、极细微的小事，这尤其值得表扬。当然，应该说这次不少同学的作文也有这个特点。比如说，周月同学写自己为在体育课上叫同学的侮辱性绰号而感到愧疚；张萧文同学写他忘了给远方不认识的朋友寄信；崔涛同学写对母亲的愧疚；王君玲同学写自己因情绪不好冷淡了同学；刘琛同学写自己有一次忘了给修车师傅说声谢谢；陈墨同学为那次忘了做班上的清洁而内疚；吕方继同学写自己一次在十字路口闯红灯的经历，他在惭愧的同时，很自然地联想到‘在今后的人生道路上可不能乱闯红灯’的道理。……这些同学的文章都应该受到表扬，因为他们首先有一颗童心！”

接下来，作文评讲进入第三个板块——屏幕上出现了四个大字“片断欣赏”。

我说：“和每次作文一样，虽然佳作并不是人人都有，但每个同学的作文中或多或少都有一些精彩之笔。下面请同学们欣赏一些同学作文中的‘精彩片断’。”

十几名同学依次上台朗读自己作文中的精彩片断（这些片断，我都在作文中用红笔一一勾画出来）。在这过程中，我适时通过电脑在屏幕上打出这些片断的内容并进行归类——

有的在动作描写中融入心理描写：“……当时，教室里一个人也没有，王磊的文具盒静静地躺在桌上。风吹得很猛，教室里的桌椅被吹得直响，我就盯着那文具盒。我知道那里面有一支很漂亮的笔，而且似乎很贵。我四下望了望，似乎没有什么人，确切地说，没人知道我在教室里。突然，风猛地一吹，只听‘吱——嘭’，门被关上了，我一下子抓起文具盒就往地上摔，那支笔一下滚了出来。我将它捡起来，仔细观察着：我似乎看到了王磊的脸——一张因刚刚欺负我而幸灾乐祸的脸，我不知从哪儿来的‘勇气’，一下子又将它摔在地上，连同那文具盒狠狠地踩了又踩，直至看到那塑料的文具盒裂开，破了。又一阵风吹进来，我觉得心里快活极了！”（于若玲）“……我终于把她孤立起来了。我心里乐滋滋的，就像一个为民除害的大英雄看犯人受罚一样。突然，她盯了我一眼，我慌忙避开了她的眼光。可她孤零零的样子、茫然的目光却深深地印入我的脑海，我急速地跑到

球场上，试图忘掉这一幕，可它就像幽魂似的紧紧缠绕着我，像一场恐怖电影令我久久不忘，将我抛入它的阴影里。”（彭莹）

有的用比喻、夸张的手法写心理：“当我听见售票员在叫乘客买票时，我紧张起来，我的心就像一台正在行驶的汽车的发动机一样，突突地跳个不停。”（黄易浩）“看着他帮我做着这一切，我的心里翻腾着感激的浪花。”（冷欢）

有的通过想象写心理：“我终于没有去给她寄信。我内疚极了，仿佛看见她一天天带着希望到收发室去找她的信，又一次次满脸失望地离去……”（张琦耘）“我手中的笔在卷子上艰难地滑动着，那些题狞笑着，对我挤眉弄眼，好像在说：‘真笨，这么简单的题都做不起！’”（王倩芸）

有的通过景物描写来烘托自己的心情：“风还在不停地刮着，雨还在不停地下着。我的心在这风雨中更显得沉重。”（卢星月）

学生们在读自己的作文片断时，我便引导大家归纳心理描写的种种方法，而这些方法都是从学生作文中总结出来的，使学生们特别容易理解和掌握。

除了心理描写，我还请几名学生念了他们各具特色的片断——

黄芪的作文首尾照应不错：（开头）“冰糖总是白如玉，可心灵为什么不能总是白如玉呢？——这是我一直不明白的头号大问题。”（结尾）“唉！为什么冰糖能够永远白如玉，而心灵却不能呢？”

张杨以一个物件引出话题：“它，一颗晶莹无瑕的雨花石正静静地躺在我的手心，无声地讲述着一个故事……”

好些同学语言幽默：“因为我很讨厌我的同桌，所以不管她说什么，我都反感。比如，她说她和黄继光是同一个家乡的人。我就有意说话来气她：‘这算什么！你和黄继光的关系还不如我呢！’‘为什么？’她居然真的问我，于是我毫不客气地说：‘因为我和英雄都姓黄。’”（黄露莎）“当时，我对班主任的印象特别不好。他是男的，姓黄。他可真是姓如其人。他的皮肤是黄的，食指与中指被烟熏得焦黄，一说话便露出满嘴黄牙，他经常穿的白衬衣也早已洗得发黄。总之，他的一切都似乎与他的姓分不开。”（向楠）“可能我当时‘脑子里有点贵恙’，总爱欺负他。我就像帝国主义，他就像东亚病夫。但是东亚病夫的病总会好起来的，沉睡的狮子终于站起来了。他终于愤怒了，向我这个帝国主义发起了反攻……”（汪熠）

在轻松活泼的气氛中，先后有近二十个学生登台朗读自己的作文片断。

作文评讲课的第四个板块叫“咬文嚼字”。我在屏幕上打出了我从这次学生作文中找出来的一些语句——

记忆忧新　恍然大吾　说出真象　失去连系

结果他受到严历的批评。他是一名从农村来的。

我还深深地体会到了不管做任何事都要自己去动手，不要老是依赖别人，这样既使自己得到的成果自己心里也会很踏实的。

一张旧旧的车月票，早已不知去向，可留在我脑海里的，却远远不止这些……

我让学生们互相讨论，找出这些语句的错误所在并提出修改意见。面对这些自己作文中出现的错字病句，学生们讨论得特别热烈。最后，这些错字、病句被全部改正。

“咬文嚼字”一完，第一堂课便结束了。

第二课时

第二堂课一开始，便进入第五个板块：“病文修改”。今天所提供的两篇病文如下——

内心深处的谴责

冯 颖

丁零零，下课了。“速度！”我发出了第一声。五秒钟收拾完书包，十秒钟后我已经跑下了楼。今天全兴队客场作战打延边敖东队，三点钟便开战了，现在回去还可以看下半场。一想到这，我的心早就飞到电视里去了。

来到停车场，看到黑压压的自行车，我的头都涨了。好不容易找到了车，一看表，糟糕，又过了五分钟，看来只有飞车回家了。讨厌，那是谁的车，怎么老把我的车子钩着，我心急如焚，管它三七二十一，扯出来再说，我用尽全身的力气，终于大功告成了。只听“咣当咣当”的声音，一排的车子，在我的双手下全都躺下了。我头也未回大步流星地飞车回了家……

躺在床上，我怎么也睡不着，脑中反复出现白天的那一幕，像放电影一般。我心中非常难受，索性起床来到窗边，看天外的星星。今晚的星星与往日的大有不同。平时星星总是那样的耀眼，而今天似乎特别黯淡。“啊！连星星都在谴责我。”我自言自语道。忽然，我的脑海中出现了这样一幅画面：有一个同学正在艰难地扶起那一辆辆被我掀倒的自行车。不，那不仅仅是自行车，那是一颗堕落的童心。我迷迷糊糊地进入了梦乡，眼角还闪烁着几颗泪珠——那是悔恨、愧疚的泪珠。

也许这辈子我都不会原谅自己，这件事已深深地刻入了我的内心世界。

现在我说出了这件事，心里要好过一点，那一块压得我喘不过气的石头，终于被我甩掉了。我相信这是我的第一次，也是我的最后一次。

我生命中的原子弹

李 翱

可能是这类似的题目写得太久了，从小到现在有几年历史了，是个老话题了；也许是这类似题目写得有点多了，虽然每次都换题材，一次比一次长，但都未跳出旧框框，感觉好陈旧。我都有点模糊，惭愧的范围包括哪些事，因此提笔前特地翻了翻字典。也许我有意无意的话曾经伤害过别人，当自己发现时，也自责并提醒自己说话要注意，但都没有勇气说声对不起来安慰对方。时间和宽容让我们再次站在一起，因此安慰了我的惭愧。虽然这次我做清洁没有尽到我应尽的职责，受到了批评，但往后我会用行动来弥补现在的过错，新的成绩会让大家原谅我，我的惭愧会变成新的起点……有一件事给我带来的影响极大，危害如同原子弹，与其他琐事相比也就只是扔错方向的手榴弹。

这件事从踏进初中校门，至今我都一直在做着。这件事不仅仅是让我感到无地自容，还影响我人生中重要的第一步。我想，越往后的日子它暴露的危害就越吃不消，也无法挽回。其实这件事很小，那就是消磨时光。关于珍惜时间的名言前人说了很多，我也听过一些，只是它没有变成我的行动。有时作了坚固的思想防线，却被听一首歌的欲望击得粉碎。可能只有五分钟、十分钟，但日复一日我又浪费了多少青春。每次于这些事，我还沉醉在快乐之中，也不需找理由就短暂放纵了自己。“只是一会儿”，我总对自己这么说。有时清醒都无法克制自己，像毒瘾发作。在这点上，我的意志真是“太坚强了”！跟李老师学了快两年了，都还没能战胜自己，我感到好对不起老师。

听着张惠妹的歌，调子没味，词却在我心中改了：“我很想哭但是哭不出，等到分数下来，淹没我的心痛袭来，老师绝望地离开，父母泪流下来。我哭了考试不重再来，我就这么等待，舍不得已春去秋来，在校园之外，我在哪里存在。”

修改仍然是以讨论的形式进行。学生们首先一一指出两篇文章的错字、病句，并提出修改的意见，然后，就这两篇文章的内容和写法各抒已见。

学生们的讨论非常热烈，发言也十分踊跃。特别令人高兴的是学生们敢于提出不同看法，并勇于展开观点的争鸣。比如，对第一篇文章，有的学生认为不真实，但马上就有人提出取自行车时碰倒别人的自行车是生活中经常发生的事，怎么会不真实？另有一些同学则认为碰倒别人自行车的事本身是真实的，但后面的有关描写则是虚假的。又比如，对第二篇文章结尾改流行歌曲歌词的写法，有人认为可以，有人则认为不太好，等等。对于学生的争论，我不急于作结论，而是让他们充分发表意见，并让作者本人也参与讨论，让他们谈谈自己写作时的想法和现在的认识。

学生们相对比较一致的意见是：第一篇文章，语言较流畅，但某些地方不真实，而且有不少俗套的描写。特别是第三自然段，让人感觉很假。如有学生说“我迷迷糊糊地进入了梦乡，眼角还闪烁着几颗泪珠——那是悔恨、愧疚的泪珠”这一描写就不真实，“入了梦乡”怎么知道“眼角还闪烁着几颗泪珠”？第二篇文章内容真实，但详略不当（第一自然段完全可以删除），语言毛病太多，而且没有具体写一件事。

在谈到作文中的描写虚假时，我看到作者的表情很尴尬。于是，我向大家讲了自己初中时代写作文时有过的弄虚作假的毛病。我举了一个例子：“在一次运沙土的劳动中，我的劳动工具是轴轮车，空车返程时，我在马路上滑行轴轮车，这是违反交通规则的，因此被执勤人员把轴轮车砸坏了。可是老师布置我们写作文时，我却说自己是为了多装沙土而压坏了轴轮车。这样撒谎的作文，居然还得到老师表扬！”

我语重心长地对学生们说：“所以，我原谅一些同学在作文中说假话的错误，因为你们毕竟还不成熟。但是，同学们应该明白，学作文的过程也是学做人的过程。希望同学们在今后的作文中彻底抛弃任何虚假！”

讨论结束时，两位作者发言感谢同学们的帮助，他们分别谈了自己的收获，并提出了初步的修改意见。

作文评讲课的第六个板块是“昨夜星辰”。这是一个很受学生欢迎的板块，因为学生们都想知道，以前李老师的学生是怎样写同类作文的。这次入选“昨夜星辰”的作文，是我十多年前教过的一个名叫沈建的学生的文章。

我开始给学生读这篇文章——

我想说声“谢谢”！

乐山一中初87级一班　沈建

我徘徊在“寰球”理发店门口。

妈妈也真是的，一天到晚总催我去理头。难道她还不知道我素来害羞的性子？这理发店可不比那商店，贸然进去，倘若“客满”，好半天无人问津，让你等也不是，退也不是，岂不难堪？

这不，我正漫步于理发店门口进行“侦察”呢！我探头探脑地从店门口往里一瞧，忽然从门里钻了个头出来："小朋友，理发？"我惊了一下，他，一位和蔼可亲的老人，操北方话的老人。"嗯！"我点点头，脸有些发热。"进来吧！"他笑着说。

进了门，我心里异常轻松，先前那种徘徊时的沉重步伐变得轻盈起来。这位老人多好啊！我想着。"这儿坐，好！"他给我披好了围单，然后用双手轻轻地按了按我的两肩，接着又操起电推子。他身子稍一欠，像对小孩说话一样，在我耳边问："小朋友，长些还是短些呀？""短点。"我实在是拘束不起来了，同时也感到了他的可笑而又不失亲切，或许是因为他的话语中有那种哄小孩子的语气吧！我似乎变得天真起来，好像又回到了幼儿园时代。

电推子在头上"嗞嗞"地响着，镜子里的老人，在围着镜子中的我转。我似乎觉得这太不应该了！他的那双手，那双裂着许多口子的大手，轻柔地按着我的额头，抚着我的面颊，舒服极了。

不一会儿，温暖的水又在我头上哗哗地淋着，我开始下意识地皱了一下眉头：不仅仅因为闭着眼，更因为我等待着粗硬的十指在我头上横七竖八地"蹂躏"，让人痛得"咬牙切齿"。可是，今天落到头上的，却是一双那么温暖而又温柔的大手，在头上搓揉着，轻轻的痒痒的，惬意极了……于是，一种莫名的感情涌上了心头，那是一种让人感动的心情。

我交给了老人一元钱，"补你五毛。"他亲切地说着，找零钱去了。刹那间，一个念头闪过我的脑际，由模糊而强烈：要不要给他道个谢？是呀，是呀！道谢给这么慈祥的一位老人。可是——那是多么难为情的事啊！对他说声"谢谢"么？在座的各位会怎么想？同龄人更会暗自嘲笑：多么可笑！理了发，居然还要说"谢谢"！嗤！怎么说得出口？因为他们认为，别人为自己理发是天经地义的——给了钱嘛！因为他们觉得这"玩意儿”过时了，没必要！因为他们觉得这只有在电影中才有，而现实中真这么做未免太做作，太可笑了！的确，我并没有得到比别人更多的照顾，但顾客与店员之间的关系难道仅是金钱上的关系吗？……倘若我还小，我可以奶声奶气地说：“谢、谢、叔、叔！”倘若我已经是大人了，我可以潇洒随意地说声：“麻烦了！”可为什么我、我们80年代的中学生就没有这种礼节呢？

“给，拿好！五毛。”亲切的话语又响起了，我似乎于心有愧，低着头，在接钱的一瞬间，心中说了声：“谢谢！”接着，又像是怕人听见似的溜出了门外。我很软弱，因为我最终没能把“谢谢”说出口。因为我最终没能打破我们中学生当中不少自以为“开放”而实际上是陈旧的那些思想框框。

唉！尽管如此，我还是想说声“谢谢”，真的！而且，在写这篇文章的时候，我又一次发誓：下次理发一定要去找那位老人，并且——一定要说声：“谢谢！”

作文读完了，我评论道：“沈建同学的这篇作文所表现的心理，我相信很多人都有过。但是，很少有人将其写入作文，因为我们有的同学总是习惯于写‘有意义的大事’。在有的同学看来，今天既没有植树，也没有歌咏比赛，怎么写得出作文呢？好像不学雷锋就没法写作文。其实，只要是生活中发生的事，都可以写成作文；而且，生活的美往往蕴含在平凡的小事之中。沈建的这篇文章再一次证明了这一点。”

看着学生们若有所悟的神情，我突然说：“告诉大家一个好消息，今天沈建同学也被李老师请到了我们的课堂。只不过当年的小同学，今天已成长为小伙子了！”

迎着学生们热烈的掌声和惊喜的目光，沈建同学从后排走上了讲台。

我和沈建握了握手，说："一看就知道你今天刚理了发。顺便问问，你现在理发是否都要对师傅说声'谢谢'？"

"那当然。"沈建毫不犹豫地答道，"因为这是对师傅起码的尊重。"

我对学生们说："你们还有什么问题，尽管向沈建哥哥提出来。"

有几个学生分别向沈建请教了一些写作上的问题，沈建一一做了回答。

我请沈建对大家说几句话。他说："我很遗憾我只是李老师的'昨夜星辰'，我很羡慕你们。刚才听了你们的优秀作文，我感到你们现在比我当年读初二时强多了，不，当年的我简直不能和你们现在比。我相信，你们今后一定能够比我现在有出息！"

我说："沈建现在也很有出息呀！他现在在成都市中级人民法院工作，同学们今后要打官司可以去找他！"

听了我的话，沈建笑了，学生们也笑了……

作文评讲的最后一个板块是"教师试笔"。我开始怀着真挚的感情向学生们朗读我的文章——

无法回避的一双眼睛

早晨，我和学生正在早读，教室门外响起了一声："报告……"

我一看，是任安妮。我眉头一皱：她又迟到了！于是，便对她说："在外面站一会儿！"

她的眼睛怯怯地看着我，嘴唇似张又闭，好像要向我解释什么，但终于没有开口，便顺从地站在了教室门外。

我和学生们继续早读……

任安妮是初一下学期从遂宁转学来到我班的。她身材瘦弱，脸色苍白，说话细声细气。她的学习较差。可能是由于身体不太好，常请病假。但是，给同学们留下的最深印象是爱迟到。我曾把她母亲请来，向她反映任安妮这个老毛病，并问她是不是任安妮有什么特殊困难。她母亲说，没有什么特殊困难，就是任安妮在家动作太慢，磨磨蹭蹭地耽误了不少时间。于是，我多次找任安妮谈心，要她养成雷厉风行的好习惯。但她仍然常常迟到。

任安妮在外面大概站了五分钟，我想到如果校长看见了恐怕不太好，便叫她进来。她进来后走到自己的座位上想坐下，我说："谁让你坐了？再站一会儿！"

她的眼泪一下流出来了，但她顺从地站在自己的座位前，并拿出书来和大家一起读。

直到早读课结束，她总共站了15分钟。

下课后我没有找她谈，不是忘记了，而是觉得没用——为迟到的事，我以前不知找她谈过多少次，但一点作用没有。

上完了两节课，她来给我请假，说头有点昏，想回家去休息一会儿。我一惊，问："怎么回事？是不是因为早晨站久了？"她说不是，她还说平时她就爱头昏，是老毛病了。

于是，我同意她回家休息。

第二天，任安妮母亲到学校来为她请假，说任安妮病了，需要一段时间的治疗和休息。当时，我就感到昨天自己做得有些过分：可能任安妮当时已经病了，可我竟还让她站了那么久。

我问她母亲："任安妮究竟是什么病？"

她母亲含含糊糊地答道："也没有什么大不了的病，就是……身体……"

她没有明说，可能有什么苦衷，我也就不好往深处问了。

又过了两个星期，任安妮仍没来上学。一天，我正准备去她家看看她时，她母亲来学校，说任安妮的病比较严重，得休学治疗。我在吃惊的同时内心深处竟暗暗有些庆幸：总算甩了一个包袱！

半年之后，任安妮返校复学，降到下一个年级学习。在校园不时碰到我，羞怯而有礼貌地和我打招呼："李老师好！"

这学期一开学，就听说她又因病没来上课。我只在心里叹惜她的不幸，便再没有把这件事放在心上。

期中考试刚刚结束最后一科，沈建平同学就来告诉我："李老师，任安妮今天早晨……死了……"

我不禁一颤，手中刚收上来的一沓试卷一下跌落到了地上！

20分钟以后，我和十几个学生乘坐越野车奔驰在通往殡仪馆的公路上……

刚进殡仪馆，她的母亲就迎上来，用哭哑了的声音对我说："李老师，您这么忙还赶来，真是谢谢您和同学们了！"

我心情沉重地说："太突然了，太突然了。我们根本没想到！"

她的眼泪又来了："李老师，今天我才告诉你，我的任安妮6岁就患上了白血病，当时医生说她最多能活三年。为了让她有个宁静美好的生活，我们一直没有告诉她，也没有告诉任何人。在许多人的关心下，她奇迹般地活了8年。谢谢您啊，李老师！任安妮在最后几天，还在说她想李老师，想同学们。她复学后一直不喜欢新的班级，多次说她想回到原来的班级。可是，她就这么……"

听了她的话，我真是心如刀绞：在任安妮纯真的心灵中，不知道她所想念的"李老师"曾为她降到另外一个班而暗暗高兴啊！

我和学生们站在任安妮的遗体旁，向她作最后的告别。她熟睡般安详地躺着，秀气的脸上还写满了纯真。想到那个冬天的早晨，我让她站了15分钟；想到她那天上午向我请假时我的冷淡；想到我对她其实并不好，她在生命的最后日子却还“想念李老师”……我终于忍不住恸哭起来！

这是我参加教育工作至今，第一次也是唯一的一次因愧对学生而流泪。

已经哭干泪水的任安妮母亲反倒过来劝慰我：“李老师，别难过！安妮有您这么好的老师，有这些好同学，她……知足了！她，她也走得……安心了！”说到最后她又哭起来了。

她当时显然是被我的哀恸感动了，但她哪里知道，我是在用泪水向任安妮表达深深的忏悔啊！

…………

当天晚上，我含泪写下一篇近5000字的文章《你永远14岁——写给任安妮》，第二天又含泪在班上为学生朗读，以表达我悲痛的哀思和沉重的负罪感。

从那以后，我发誓：绝不再对迟到的学生罚站！

14年过去了，每当听到周围的人称赞我“特别爱学生”、“从不伤学生的自尊心”时，我总是在心里感谢永远14岁的任安妮，因为她那一双怯怯的眼睛时时刻刻都在注视着我……

在读这篇文章的时候，好几次我都哽咽得几乎读不下去，因为我的眼前老闪现着任安妮的眼睛；学生们显然也被我的文章感动了……

我说：“忠实于自己的心灵和生活，是打开作文大门的第一把钥匙。而且，我还要再次强调，学作文的过程也是学做人的过程。所谓写作文，就是让真挚的思想感情从心灵深处流淌出来！”

下课铃声响了。我以最后一个板块“名人忠告”结束了这次作文评讲——

“一个人感到羞愧的事越多，他就越高尚。”（萧伯纳）

“纯洁的人生从忏悔开始。”（冯骥才）

【整理附言】

以前我的作文评讲课大多是教师的一言堂：先念一两篇优秀作文，再不点名地批评一下学生作文中存在的问题，最后提出几点今后作文应注意的问题。在这样的作文评讲课上，学生总是处于被动地位，而且课堂气氛是比较沉闷的。从九十年代初开始，我对自己的作文评讲课进行了反思，并进行了大胆的改革。改革的基本思路是：作文评讲课也应该以学生为上作，即尽量让学生参与作文评讲；作文评讲课也应体现出对尽可能多的学生的鼓励，而不只是老让少数“写作尖子”频频亮相；作文评讲课应该充满民主气息，面对作文，师生平等对话，甚至可以争鸣；作文评讲课在形式上也应尽可能新颖生动活泼，以增强对学生的吸引力。这种作文课的形式，我一直坚持到现在。虽然表面上看，我的作文似乎有点程式化，但只是课堂的几个环节比较固定而已，形式上的“程式化”并不妨碍每次作文评讲课在内容上的五彩缤纷，而且很少雷同。

对上面这堂课，我还要做点补充说明。按照惯例，我读了自己的文章后应让学生进行评议，或提出他们的修改意见。遗憾的是由于时间关系，这次公开课未能完成这个任务。不过在第二天的语文课上，学生们就对我的文章提出了许多问题：有的是问我写作构思的，有的是和我商榷某些写法的，更有同学对文章提出了自己的修改意见，而且这些意见大多很有道理。作文评讲中的这种师生平等的研讨氛围，是我最为得意的一点。

“风雨中的树叶”：从祥子到老舍

——我教《在烈日和暴雨下》

时间：1999年11月　地点：四川邛崃县中学

学生：四川邛崃县中学初三学生

1999年11月，我曾在外地借班上了一堂课，教《在烈日和暴雨下》。

上课伊始，我问学生们：“你们喜欢《在烈日和暴雨下》这篇课文吗？”几乎全班学生都说：“喜欢。”我高兴地说：“嗯，我也很喜欢这篇课文，这的确是一篇很好的文章。——可是，有没有不喜欢这篇文章的呢？”这时，前排靠边的一个男同学勇敢地举起了手，他明确说他不喜欢这篇文章。我问他为什么不喜欢这篇文章，他说：“我觉得这篇文章里面有许多词语用得不太好。”为了说明他的这个观点，他还举了好几个例子。我当即满腔热情地表扬了他：“同学们，虽然我个人并不同意这位同学的观点，但是，我非常赞赏他的这种精神，因为他敢于向大多数人说‘不’。这种不盲从多数，不迷信权威的精神，就是独立思考的精神。同学们应该向他学习！”

我郑重提出："这堂课希望同学们能够独立思考，勇于发表不同看法。"

这堂课就以这种方式拉开了序幕。

我问学生："这篇课文是我学还是你们学？"学生答："是我们学。""对啊，"我乘势说道，"既然是你们学，你们就不要老指望老师讲多少，而应该由你们自己来讲。"

我先请同学起来说说自己在阅读过程中遇到的生难字，可能是由于比较紧张，没有同学举手。我说："没人问我，那我就问你们吧！——请问'枝条都像长出一截儿来'的'长'怎么读？"开始有学生发表看法了：有的说读"zhǎng"，有的是说读"cháng"……经过辨析大家认为正确的读音应该是"cháng"。根据同样的方式，同学们还弄清了"拿起芭蕉扇扇扇"这一句中三个"扇"字的不同读音。

"很好！"我鼓励道，随即又说："同学们自己弄清了一些字的读音，这只是阅读文章的第一步。读了这篇文章，同学们有没有什么初步感觉或第一印象啊？现在可以随便谈谈。"

学生开始活跃了："我觉得这篇文章写景特别好。""我觉得文中的比喻用得特别好！""还有拟人也很生动。""文中的一些动词特别准确。""我读了以后，感到祥子太令人同情了。"……学生们七嘴八舌，纷纷举手发言。

"太好了！"我夸奖道，"你们看，我对这篇文章一个字都还没有分析，你们就读出了这么多的味道。看来你们的能力是不可低估的啊！"不少学生得意地笑了。

"不过，"我话题一转，"对一篇文章的欣赏，还不能仅仅停留在一般的初步感觉上，我们还应该进一步进行研究。那么，从何入手呢？咱们从问题入手吧！——现在我想了解一下同学们对这篇文章都提出了哪些问题？同学们的问题提得越多，说明你们钻研得越深。”

出现了短暂的沉默，因为大家都在思考。不一会儿，不少学生举手发问了：“‘就跟驴马同在水槽里灌一大气’的‘一大气’是什么意思？”“祥子为什么‘明明心里不渴，可见了水还想喝’？”“‘一切都不知怎么好似的，连柳树都惊疑不定地等着点什么’，这话怎么理解？”“‘肚子里光光光地响动’的‘光’字是不是用错了？我觉得好像应该写成‘咣’。”……短短的时间内，学生一口气提出了十多个问题。显然，他们的思维已经进入燃烧的阶段。

这些问题怎么解决呢？我没有也不想以“权威”自居而给学生们“指点迷津”。我把这些问题又抛给学生自己讨论研究解决，在这过程中我适时以平等的一员，参加他们的讨论，并发表我个人的看法（注意：只能是个人的一家之言）。事实证明，学生是完全有能力通过思考自己解决这些疑问的。

问题解决了，我又让学生提新的问题。我在等待时机，等待着学生经过深入钻研，提出一个带动全篇理解的关键问题。而且，我有这个信心：只要引导学生一步步深入思考，这样的问题他们一定能提出来的。

果然，一位男生提了这样一个问题：“课文结尾，作者为什么要用‘哆嗦得像风雨中的树叶’来形容祥子呢？”

好，机会到了！我接过他的问题说：“是呀，为什么要用风雨中哆嗦的树叶来形容祥子呢？而且在文中，老舍先生不止一次写到烈日和暴雨下的柳叶，这究竟是为什么呢？”我停了一下，看着学生们一双双思考的眼睛，我又说：“我个人认为，树叶这个形象在文中已经不完全是自然界的一个形象，老舍写树叶显然是有着某种特殊的意义。老舍是通过写树叶在写人——当然，不仅仅是树叶，还有对自然界其他景物的描写都不是纯客观的写景。”

我提高了声音说：“咱们这堂课就来研究这个问题吧！弄清楚了这个问题，刚才那个同学的问题就好理解了。”

这时，我才开始板书课题，我有意把“在烈日和暴雨下”写成“在暴雨和烈日下”。

我刚一写完，学生就嚷起来了：“错了，错了！应该是‘在烈日和暴雨下’而不是‘在暴雨和烈日下’！老师您刚好写反！”

听到学生们激动的声音，我真是很高兴，因为学生们敢于当众指出老师的错误。看来，我刚开始上课时那番话没有白讲。

但是，我故意不认错：“我没有错！是的，我写的课题是和书上不一样，但意思都是一样的。——你们看，‘烈日和暴雨’是什么短语？”我有意引学生“上钩”。学生异口同声地答：“并列短语！”“对了！”我很得意地说：“既然是并列短语，那么连词前后的部分并没有主次之分，当然就可以颠倒一下啦！‘烈日和暴雨’、‘暴雨和烈日’，都差不多嘛！”

“不对！”一位女同学似乎有些激动，她说着便站了起来，“题目取为‘在烈日和暴雨下’而不是‘在暴雨和烈日下’，这是有道理的！因为课文先写的是烈日后写的是暴雨，这既是天气变化的顺序，也是课文的大体结构，怎么能够随便颠倒呢？”

“哦！”我故作恍然大悟状，“嗯，同学们言之有理。看来，‘烈日和暴雨’真还不能颠倒。好，我接受同学们的看法。谢谢同学们！”

学生们觉得自己获得了胜利，脸上露出了笑容。

“刚才，同学们提了许多问题。现在，能不能让我也提点问题？”我问学生们。他们点头表示可以。于是，我问：“作者为什么要写烈日和暴雨？”

“烘托祥子的苦难生活嘛！”学生们说，他们觉得这个问题太简单了。

“可是，问题就出来了，”我紧逼一步，“为什么一定要写烈日和暴雨才能反映其苦难生活呢？自然气候本身就有人的情感呢还是作者借自然景物来表达自己的思想感情呢？把祥子放在春天、秋天和冬天又行不行呢？”

这一下子把学生给问住了。教室里又出现沉默。

我开始引导：“这样吧，我们先把这个问题放在一边，还是从课文入手，着重研究作者集中写烈日和暴雨的段落——也就是第2段和第11段。同学们先把这两段文字朗读一遍，然后思考，并和同桌讨论：这两段文字有什么异同？这两段文字是怎么写的？突出的是什么？”

于是，课堂上顿时响起了琅琅书声；之后是同桌学生无拘无束地讨论的声音，我则来回巡视，或者和某几位学生一起探讨……课堂气氛极为热烈。

我看学生讨论得差不多了，便让学生们围绕上面的问题公开交流各自的看法，或阐述，或补充，或碰撞……经过这样的交流，至少多数学生认为，这两段文字相同点是——都是写自然景物，而且都写了柳枝；都写出了天气的恶劣严酷；在写法上都用了描写，并且都用了比喻、拟人等修辞手法；都是正面描写和侧面描写相结合……不同的是——写“烈日”更多的是静态描写和侧面描写；写“暴雨”更多是动态描写和正面描写……

“现在知道老舍为什么要把祥子放在烈日和暴雨下写的原因了吧？”我问。

有学生回答：“这两段文字虽然所写的天气不同，但都突出了天气的‘毒’，似乎老天爷也存心和祥子过不去。这样毒的自然天气，与祥子的苦难是极为吻合的。”

有学生们还特意分析了写柳叶的作用：“通过柳叶，写出了天气的变化，更写出了人的命运。柳叶就好像祥子，不能主宰自己的命运；无论在什么样的情况下，他都只能任人宰割，所以，结尾说‘他哆嗦得像风雨中的树叶’。”

上课至此，问题似乎已经解决了；然而我还不想就此罢休，我想继续把学生的思维引向深入：“这个同学说得很好。但是同学们，我还是有点不明白，就是是否自然界的‘雨’本身就带有刚才同学所说的‘恶毒’的感情呢？”

“对，自然界的雨总是给人带来麻烦，老舍先生正好用它来写祥子的生活。”有同学在下面这样小声地说。“不是，是老舍赋予了雨一种特别的含义。”一位学生又这样大声地说。

“咱们还是应该有比较，看看我们以前学过的课文里还有哪些写雨的？”我提醒学生们回忆。

有学生提到了朱自清的《春》。“对，里面有一段是写春雨的，是吧？”我一边说，一边打出有关文字，并和学生一起朗读起来——

“雨是最寻常的，一下就是三两天。可别恼。看，像牛毛，像花针，像细丝，密密地斜织着，人家屋顶上全笼着一层薄烟。树叶儿却绿得发亮，小草儿也青得逼你的眼。傍晚时候，上灯了，一点点黄晕的光，烘托出一片安静而和平的夜。在乡下，小路上，石桥边，有撑起伞慢慢走着的人，地里还有工作的农民，披着蓑戴着笠。他们的房屋，稀稀疏疏的，在雨里静默着。”

读完之后，我问学生们，这段文字表现了朱自清的什么感情。学生很容易回答出来：“表现作者对春天对和平美好的生活无限赞美之情。”

“可见，同样是写雨，这雨并不一定都是和人过不去的。”我说。

我听见有学生在小声嘀咕：“春天的雨和夏天的雨当然不一样啦！”

“是吗？”我接过他这话大声问，“那么，是不是只要是写夏天的雨就一定充满了苦难呢？——同学们回忆一下，我们是否还学过写夏天的雨的课文。”

在我的提醒下，同学们回忆起了《金色的大斗笠》中对夏雨的描写——

“金黄的大斗笠下：这边，露出一条翘起的小辫；那边，露出一条揽着小山羊的滚圆的胳膊。在用斗笠临时搭成的小房子里，姐弟俩坐着，任凭雨水洗刷四只并排的光脚，脚趾头还在得意地动呢！

……

笑声冲出银线织的雨帘，笑声掀动金黄的大斗笠。”

“同学们看，这篇文章中夏天的雨可就是充满欢声笑语的啊！”我总结道，“可见，‘一切景语皆情语’啊！”说着，我把“一切景语皆情语”几个字写在黑板上。写完后，我继续说道：“夏天的雨当然要猛烈一些，用它来写祥子的苦难生活当然要贴切些；但主要是因为老舍先生写作时饱含特定的感情，所以在他的笔下，自然界的一切都有了特定的感情！”

我又提到结尾的“树叶”：“在这样恶劣的天气下，在这样残酷的社会里，老舍的命运当然就只能是一片风雨中哆嗦的‘树叶’！”

几乎是全班学生齐声纠正我的口误：“老师又错了！是祥子，不是老舍！”

我一惊：果然说错了！但我马上将错就错：“是的，应该是祥子像风雨中哆嗦的树叶。但我说得也不错——同学们可能不会想到，就在老舍先生写《骆驼祥子》三十年后的1966年，他会遭遇到和祥子一样的社会的暴风雨！面对“文革”的暴风雨，他的命运也曾如风雨中哆嗦的树叶！”

此时我感到，学生们的心已经被震撼了，教室里顿时弥散着一种庄严肃穆的气氛。我接着缓缓说道："我们今天学习老舍的作品，绝不能仅仅学习他的写作技巧，还要学习老舍先生伟大的人格。以前，我们从课本上已经读过老舍先生的其他作品——从《济南的冬天》，到《小麻雀》再到《在烈日和暴雨下》。我们看到老舍先生一颗真诚爱心，看到了他那博大的人道主义情怀！老舍在写这些作品的时候，是无法预料自己的未来的；但是今天，在老舍100周年诞辰的时候，我们阅读《在烈日和暴雨下》，却分明从中读到了老舍在"文革"中的影子！他和祥子一样，都曾遭受严酷的'烈日暴雨'的欺凌和折磨；但和祥子不一样的是，老舍先生没有堕落，而是以死抗争，用生命为20世纪中国知识分子的悲惨遭遇画了一个触目惊心的叹号！也树起了一座中国知识分子人格的风雨中的雕像！"

【整理附言】

这堂课和前面的《孔乙已》教学如出一辙——同样是在教师巧妙而不露痕迹的引导下，让学生沿着教师的思路思考和讨论。和那些明目张胆在课堂上操纵学生的老师不同，我的操纵要隐秘一些，"自然"一些。今天读着实录，我感到脸红。

但这堂课也不是一无是处的。尤其应该肯定的，是我已经开始注意到在课堂上尊重学生的创造性思维，宽容地对待学生的不同意见。我试图点燃学生熊熊燃烧的思想火炬，让学生拥有自由飞翔的心灵。我尝试着创设一种宽松和谐的教学气氛，尽量使每个学生都具有心理上的安全感，从而在没有外界压力的气氛中充分展开研讨活动。当然，必须说明的是，这方面我做得并不好，但我毕竟已经意识到这一点了。另外，这堂课的结尾，我有意引导学生由祥子想到老舍，进而对学生进行必要的人文精神教育。可能我这里做得不够自然，但这样做本身是非常有必要的。我认为。

以学生的心灵为起点

——我教《提醒幸福》

时间：2004年2月14日　地点：江苏省通州石港中学

学生：通州市石港中学初二学生

“同学们好！”我给同学们鞠了一躬。

同学们也给我敬鞠躬礼：“老师好！”

同学们坐下后，我说：“今天我们学的这篇文章叫《提醒幸福》。刚才我和大家聊的时候，我了解到你们已经看过一遍了，我就想问一问同学们，喜不喜欢这篇文章？实话实说。”

同学们整齐地说：“喜欢。”

我笑了：“我这样问，不能够让每一个同学表达自己的一种真实意愿，咱们搞个小调查吧。我先说，觉得这篇文章写得一般，看了以后印象不深，没有什么值得学习的，举个手吧。”

无人举手。

我问：“是不敢举，还是真觉得很好？觉得很好，喜欢这篇文章的举个手吧！”

多数同学举起了手。

“呵呵，真是喜欢！和李老师一样的。我也很喜欢。”我又问，“读得懂吗？有没有什么读不懂的？”

我看第一排一个同学好像有什么问题，便问他：“你没有读懂？你说为什么没读懂？”

他说：“有些段落，她写得比较抽象，所以有些时候，有些段落比较难理解。”

我说：“一会儿把你难理解的提出来大家研究，好不好？”

他点点头坐下了。

我说：“我提个问题，究竟一篇文章读懂的标准是什么，怎样才算读懂了？”

一个同学说：“能够理解它的中心思想，能够大体说出它的内容来。”

我说：“很好，请坐。一篇文章怎样才算读懂了？它写的是什么，我首先要弄清楚，也就是他说的中心思想。好，这是第一个标准，还有没有呢？好，这位同学举手了，请你说一说吧。”

她说：“要了解作者的写作目的。”

我说：“作者的写作目的，就是为什么要写这篇文章，咱们等一会儿来研究吧。还有什么标准呢？”

同学们在思考。

我说：“关于怎么才算读懂，我这儿做一下补充，是不是还要研究一下他是怎么写的呀？写作上的技巧。我们是学语文的，又不是思想品德课，这里边儿有些思想品德的因素，但毕竟不是思想品德课，所以要研究他怎么写。好，刚才说了，第一，写了什么；第二，为什么写，就是写作目的；第三，怎么写的。那么还有一点是不是该研究一下，同学们没有谈到，我做点儿补充，我们是不是还得把字认识一下，这是最起码的吧，这些词要读懂吧，是不是？那天我在成都给通州的老师打电话，我就说叫同学们读的时候把不认识的字查一查。我刚才看见同学们，几乎每个同学都是写得密密麻麻的，写得非常细，查得非常认真，我特别感动。我到过许多地方上公开课，但是像你们这样认真的同学虽然不是唯一的，但是还不算多的，我非常感动。我这儿顺便问一下，除了书上给我们列出的这些生难字词之外，你自己还找到哪些不太了解的字词查的，我们交流一下，好不好？有没有，大家互相交流一下。”

一个同学说：“我查了一个词，‘喧嚣’。”

我问：“你原来不大认识，是不是？”

“我查了一下它的意思。”

“意思是什么呀？”

“叫嚣，喧嚷，声音杂乱。”她说。

我点头：“很好。别的同学还有吗？”

又一个同学举手问：“‘不留一丝渣滓’中的‘渣滓’怎么读？”

我说：“这个词读‘zhɑ zi’。‘渣’字要翘舌。还有哪些字呀？”

有同学问：“第十一自然段中有句话说：‘先哲们提醒了我们一万零一次，却不提醒我们幸福。’当中的‘先哲’的意思是什么？”

我问大家：“有同学知道吗？‘先哲’是什么意思？”

一个同学解释说：“指已去世的有才德的思想家。”

“这个同学该表扬！”我说，“李老师也查了一些字词。我查的主要是词。比如说倒数第四自然段‘所以，当我们守候在年迈的父母膝下时，哪怕他们鬓发苍苍，哪怕他们垂垂老矣’，这里的‘垂’字同学们查没查呀？什么意思呢？”

一个同学举手说：“就是比喻非常老了。”

同学们笑了起来。

我问：“那‘垂’什么意思呢？”

他说：“晚年快到了。”

我说：“真不错！他不查都知道，李老师要查才知道。这个‘垂’就是‘接近，快到’的意思。哎呀，这个同学真聪明，比李老师聪明！”

她不好意思地笑了。

我说：“我们读一篇文章前提就是要把字词弄懂。我刚才看见有的同学还把‘提醒’查了的。我先问大家，课文题目中‘提醒幸福’的‘提醒’，是什么意思啊？”

同学们齐声说：“珍惜。”

我说：“但原来这个词是什么意思啊？”我指了指一个同学：“我刚才看你查了的，你说说看。”

他说：“从旁指点，促使注意。”

我说：“好，坐下。但是在这儿是不是这个意思呀？”

同学们说：“不是。”

我说：“对！这又引出另外一个问题了，查生难字词的时候，既要弄清楚它本来的意思，还要看这个词在语言运用当中，它又是什么意思。这种现象在这篇文章中特别多。你望文生义，就词解词是很难理解这篇文章的，一会儿我们要研究的。”

我又说：“刚才我们研究了一篇文章怎样才算读懂了。我们可以归纳一下。应该把我刚才补充的这一点放在第一位，弄懂生难字词。以后我们读文章就这样读，然后再弄清楚写了什么，为什么要写，怎样写的。这样，基本上就算读懂了。注意，我这儿说的是‘基本上’，也就是说，还有一些东西要加进去。最后，我还要补充，怎么才算读懂了？要——”

我边说边板书：“读出自己，读出问题。”

我解释道：“这是我今天要强调的一点。这是一篇自读课文，我来之前就在想这篇课文要教给我们同学什么？文章的意思、内容大家是不难理解的，那么我教给同学们什么呢？教给同学们一种阅读态度，一种体验，那么，我们怎么读一篇文章才能读进去，除了刚才同学们说的弄懂它的意思写法之外，真正读进去了还有一点就是要‘读出自己，读出问题’。什么叫‘读出自己’呢？从文章当中读到引起自己共鸣的一段话，一个词，某个内容，把自己摆进去。举个例子，我最近读了一本长篇小说，刚读完。老作家王蒙的《青狐》，它写的是改革开放以后，一个知识分子，一个女作家的一段经历。我读的时候就特别的投入，经常读了以后就要停下来想想。但是反过来讲，如果换一个人，他可能没有这种感觉，可能觉得就是一个小说，写得一般。我为什么有这种感觉呢？我从中读到了自己，那段历史我非常熟悉。我就想到我读大学的时候，正是我们国家改革开放刚开始，风起云涌的年代，很自然地就想到我的经历，这叫‘读出了自己’。又比如，最近我每天上下班都是走路的，走一个小时。锻炼嘛，减肥嘛。（同学们笑了）每天走一个小时，很枯燥的，怎么办呢？我就把我女儿的CD随身听带上，耳机插上。我相信肯定旁人看得有点滑稽：这么大一个人了，还像小青年一样地摇头晃脑的。（同学们大笑）我听什么呢？每天我就拿一个碟子。最近我就听那个天使合唱团的，因为那组碟子我非常喜欢，是北京少女合唱团的，全是那些童声合唱。里面有一首歌我百听不厌，你们也肯定喜欢的，叫《同桌的你》。”

同学们恍然大悟地：“噢！”

我继续说："我听完了以后马上倒过去再听，再听。为什么这首歌我特别喜欢呢？而且我相信很多人都喜欢。因为听这首歌，从中读到了自己。不一定有它歌词中描绘的那种具体的情节，但却很自然地想到自己的校园生活。'明天你是否还想起你昨天写的日记'等等等等。那么，我们读一篇文章也应该这样，像《提醒幸福》，我们如果是做一个'客观'的阅读者，不算读进去了，要把自己摆进去。所以我说'读出自己'，它是什么意思呢？它是——"

我边说明边板书："是'学习'，是'欣赏'，是'联想'，这个很重要，想到自己了，或'想象'。同时还要读出问题，一篇文章我们真正读懂了以后，问题会越来越多，没有读懂就不会有问题。我经常跟我的学生讲：拿一本自然科学的书籍给我读，物理、化学……我毫不熟悉的、一窍不通的那种领域的书给我读，读了以后别人问我有什么问题没有啊？我说一点问题没有。这不是我读懂了，而是我根本读不懂，有什么问题呢？（同学们会意而笑）你看《提醒幸福》这么浅的一篇文章，我待会儿向同学们汇报，我提了很多问题，为啥？我读进去了。所以我们要带着一种研究的眼光去推敲。读出问题。我这儿也归纳一下，就是——"

我边说边板书："要'推敲'字词句，是'研究'，是'质疑'，即使名家名篇也可以提出问题和他探讨，乃至'批判'。毕淑敏是我非常敬重的作家，这篇文章也是让我怦然心动的文章，但即使如此，我还是发现了这篇文章中的很多问题。这些问题，也可能是我没有理解，但我可以提出来探讨。我们今天就要以这种态度来学习这篇课文。好了，我说得够多了，现在该同学们说了。你们课前已经预习过，现在我想请同学们快速地看一遍，也可以读一下，重点是找出你最喜欢的某一段，某一句。一会儿大家交流一下，读出自己。"

同学们开始自由朗读，有的同学虽然没有读出声，但也在认真地看课文。

我来回走了一圈，提醒说："你们读的时候把自己最喜欢的段落勾一下，勾出来。"

我估计同学们读了一遍了，便说："上一堂课，读一篇文章相当于就餐，吃一顿饭，每个人喜欢的菜不一定一样，你喜欢这道菜，他喜欢那道菜。咱们也一边品尝，一边分享。每个同学喜欢的段落不一定一样，大家通过交流收获就很大了。另外，我也把自己最喜欢的段落与大家交流一下。谁想起来说说自己最喜欢的段落？"

一个小男孩举手了。

"好，请这个小男孩说说。"我说。

他说："我喜欢这一段，'我们已经习惯了提醒，提醒的后缀词总是灾祸。灾祸似乎成了提醒的专利，把提醒也染得充满了淡淡的贬义。'"

我问："你为什么喜欢这一段？"

"我觉得这一段把提醒的意思充分地说了出来，它说提醒的后缀词总是灾祸，全文也是这样一个中心意思。"

我继续问："作者说提醒的后缀词总是灾祸，我们已经习惯了提醒。你觉得生活中是不是这样？你有没有类似的体验？"

"也有过。"他说。

"谁提醒过你什么？"

"我妈妈提醒过我。"

我对同学们说："他这就叫读出了自己。他读到这一段就想到自己的生活，啊呀，真是这样的。你妈妈提醒过你什么？"

他说："就是有的时候上课不认真听讲，然后老师告诉我妈妈，我妈妈就会提醒我。”

我笑了：“那不叫提醒，叫批评。”

同学们也笑了。

可他说：“不，她不批评，她就是提醒我下次上课一定要好好听讲。如果不好的话，那后面就是灾祸了。”

我问：“什么灾祸？妈妈会对你有什么灾祸？”

“就是，就是……”他说不下去了。

我说：“那就别说了，留点隐私吧。”

同学们又笑了。

我说：“他喜欢这一段，他想到自己的生活。还有同学有什么要说的？”

一位同学说：“人生总是有灾难。其实大多数人早已练就了对灾难的从容，我们只是还没有学会灾难间隙的快活。我们太多注重了自己警觉苦难。我们太忽视提醒幸福。”

我问：“为什么喜欢这一段呢？”

“因为这一段很有道理。”她说。

我继续问：“道理何在？”

“因为我们生活中也是这样的，生活中也是总会有灾难。”

“可是，”我问，“这段话着重强调了生活中的灾难吗？还强调了哪些东西？”

她说：“不要太重视警觉灾难。”

我说：“这段话可能重点还不是要我们重视灾难，要怎么样？”

同学们在下面小声议论，我听到有同学说“不要忽略幸福”。

我说：“对，‘我们太多注重了警觉苦难而忽略了幸福’。重点说我们还要重视幸福，因为她下面马上说：‘请从此注意幸福！’好的，这是你的理解。还有谁要说？”

又有一位女同学说：“幸福不喜欢喧嚣浮华，它常常在暗淡中降临。贫困中相濡以沫的一块糕饼，患难中心心相印的一个眼神，父亲一次粗糙的抚摸，女友一个温馨的字条……这都是千金难买的幸福啊。像一粒粒缀在旧绸子上的红宝石，在凄凉中愈发熠熠夺目。”

我问：“你为什么喜欢这一段？”

“因为这一段中写的内容与我所体会到的产生了共鸣。”

我问大家：“还有没有同学也喜欢这一段的，也很喜欢这一段的举个手。”

不少同学都举起了手。

我说：“我也很喜欢这一段。不过，她刚才读错了一个词‘粗糙’，她读的是‘粗造’，应该怎样读？”

同学们说：“粗糙（cāo）。”

我说：“我也特别喜欢这段话，因为我觉得它写得那么形象，把抽象的东西形象化。如果结合我们的生活体验，还可以接着把这个句子写下去。还有没有什么呢？好，请这位同学说一说。”

又站起来一位女同学：“‘所以，当我们守候在年迈的父母膝下时，哪怕他们鬓发苍苍，哪怕他们垂垂老矣，你都要有勇气对自己说：我很幸福。因为天地无常，总有一天你会失去他们，会无限追悔此刻的时光。’电视电影中我们都会很平常地看到子女坐在父母的膝旁，这是一个非常温馨感人的时刻，我们心中也不由得会想起一个词‘幸福’。”

她在朗读的时候，我发现她的声音非常甜美，我表扬道：“说得非常好。你应该去当一个主持人的，音色至少比李老师的美。”

同学们笑了。这时我看到又有女同学举手，便说：“好，请你再谈一谈。”

她说：“我喜欢第二十二自然段：‘幸福绝大多数是朴素的。它不会像信号弹似的，在很高的天际闪烁红色的光芒。它披着本色的外衣，亲切温暖地包裹起我们。’因为这段中我喜欢的一个词是‘朴素’，朴素，这是文章教我们做人的道理，不要像闪光弹似的在天空中闪出红色的光芒。”她停了一下，又笑着对我说：“就像您一样，我觉得您也是个朴素的人。”大家都笑了。

我一下感到心里暖融融的，非常感动：“我非常喜欢听这个话……”

同学们又笑了。

我继续说：“谢谢你呀！说完了吧？咱俩握个手吧。”

大家又笑了。

我对同学们说：“很难得啊，我很朴素。但是我要非常严肃地很真诚地说一句话，‘朴素’真是我非常喜欢的一个词。1995年，我的一批高三学生毕业，他们叫我给写一句话，我就写了四个字——‘朴素即美’。朴素是一种最高的境界，对幸福的理解也是这样，我们平时常说平平淡淡才是真嘛！对不对？有的人理解幸福不是这样的，纸醉金迷、醉生梦死。其实幸福是很简单的。我很高兴这位同学这么小的年龄就理解到这么深刻的哲理，了不起！而且还发现我很朴素！”

大家再笑。

又有同学举手。我说：“好的，我请这位女同学说。刚才她勾了第一自然段，说喜欢第一自然段。那你给大家读一读，好不好？”

她朗读第一自然段：“我们从小就习惯了在提醒中过日子。天气刚有一丝风吹草动，妈妈就说，别忘了多穿衣服。才相识了一个朋友，爸爸就说，小心他是个骗子。你取得了一点成功，还没容得乐出声来，所有关切着你的人一起说，别骄傲！你沉浸在欢快中的时候，自己不停地对自己说：‘千万不可太高兴，苦难也许马上就要降……’我们已经习惯了在提醒中过日子。看得见的恐惧和看不见的恐惧始终像乌鸦盘旋在头顶。”

读完后她说：“我喜欢这一段，因为这一自然段中的爸爸妈妈像我的爸爸妈妈。”

我说：“可能像所有的爸爸妈妈。我读到这儿，我就在想啊，我可能对女儿也是这样的，老是不放心。不过我想，我相对那些妈妈来说还不算唠叨，妈妈是最唠叨的，（同学笑）早晨起来说牛奶、蛋啦，必须要吃，今天要认真听课呀，非要她加件衣服，因为今天天气预报说要降温……当然都是很爱她的，都是出自家长非常真挚的爱，但是很容易让我们同学觉得比较烦。这不能说不对，但是就像作者说的一样，我们再提醒一下幸福多好啊！”

停了一会儿，我说：“通过刚才的交流，至少有一点我们是共通的：读了这篇文章我们知道了什么是真正的幸福。刚才同学们说幸福是很平常的，很朴素的。但是我又想问大家，作者在表达这种观点的时候，是怎么表达的，这是我们要研究的，它在语言上有什么特点？那我们能不能再继续挖掘你最喜欢的一个词、一句话，从写作上去看，为什么写得那么好那么精彩呢？”

一个同学说：“第三自然段中的‘看得见的恐惧和看不见的恐惧始终像乌鸦盘旋在头顶’这一句用了比喻，把看得见的恐惧和看不见的恐惧比成了‘乌鸦’在自己的头顶上飞来飞去。”

我说：“对，类似的语言现象还有很多的，我们同学还可以找一找。所以‘形象表达’（板书）这个很重要。‘提醒幸福’这是作者的一种观点，怎么把它形象地表达出来？你看第一自然段就很形象，本来第一句就已经说清楚了，但是她还举了很多例子……这些都是形象表达。还有没有比较好的句子词语了？”

同学们仔细看书寻找，但一时没有人发言。

我说："刚才有位女同学说喜欢的'幸福不喜欢喧嚣浮华'这是比较典型的，我们一起把这一段读一读，好不好？"

同学齐读："幸福不喜欢喧嚣浮华，它常常在暗淡中降临。贫困中相濡以沫的一块糕饼，患难中心心相印的一个眼神，父亲一次粗糙的抚摸，女友一个温馨的字条……这都是千金难买的幸福啊。像一粒粒缀在旧绸子上的红宝石，在凄凉中愈发熠熠夺目。"

我说："这一段话，我读到这儿特别感动，而且很有感染力。正像刚才说的形象表达，'幸福不喜欢喧嚣浮华'这本身已经拟人化了，但它是什么呢？作者用了一个排比，把它非常细腻地表现出来。它是一块糕饼，一个眼神，一次抚摸，一张字条，这就把它形象化了。我们写文章要尽可能地用些细节描写，不仅记人叙事，哪怕表达一种思想感情，把它形象化。像这样的句子我们能不能写？也能够写。咱们试试接着往下写，根据你的理解，幸福是什么？注意要形象。刚才我举了个例子：对我来说，幸福就是回家路上悦耳的歌声。我经常出门在外，回到家里边，对我来说，幸福就是女儿扑上前来张开的双臂。她和你们一般大。对你们来说是什么呢？想一想。"

一个同学说："幸福就是家人的团聚。"

我说："说得很好，再把它细化一点。再想想，请坐。"

一个同学说："对于我们学校来说，幸福就是每次考得好成绩时。"

同学们笑了。

我说："很真实的感受。不过你可以把这种幸福形象化，幸福就是什么呢？幸福就是试卷上鲜艳的100分。这不是更形象了吗？"

我问刚才说"幸福就是家人团聚"的同学："你想好没有？其他同学

想好了没有，动动脑筋能想得出的。”

他说：“幸福是父母一次温馨的问候。”

我说：“说得很好，比刚才形象了。”

另一个同学说：“幸福是失败时一句鼓励的话语。”

我说：“非常好。幸福是失败时来自朋友的一句鼓励的话语。你们启发了我，我经常和我的学生们在野外春游。幸福对我来说，就是我和我的学生们一起追逐、奔跑、打闹的一块洒满阳光的草皮。总之，对幸福的语言表达要具体化形象化。”

一个同学说：“幸福是黎明的第一缕阳光。”

我说：“说得真好。你这句话让我想起我曾经写的一首诗。我读几句，写得不好，但是我可以在你们面前‘炫耀’一下。题目是《元旦吟》。说的是什么呢？元旦，我的理解就是一个新的开端。但是作为诗句来讲，怎么把理性的开端形象化、用比喻用排比都可以的，但是要越细越好。我是怎么写的呢？”

我开始朗诵——

是滴血的婴儿在护士手掌中快乐的啼叫
是破晓的雄鸡在农人矮墙上庄严的吟唱
是黝黑土地在残雪覆盖下对春天的初恋
是碧绿江河在朝霞浸染中对风帆的企盼
是天真稚童心中虔诚而秘密的小小期待
是英武少年胸前簇新而鲜艳的猎猎领巾
是闪耀着憧憬又辉映着希望的首页台历
是沐浴着赤诚也洋溢着纯真的开篇日记

是隆隆冬日下默默绽放的粒粒羞涩嫩芽

是徐徐春风中静静摇曳的缕缕婀娜新柳

……

我说："就念这几句吧，我们今天学的《提醒幸福》这篇文章除了了解幸福是什么，还有语言表达是怎样的。这样的句子在课文中是很多的。比如，'在皓月当空的良宵……'这一段，她假设了这样一个情景：'当我们大睁着眼睛枕戈待旦之时，风暴却像迟归的羊群，不知在哪里徘徊。'何等的形象化！以后我们写文章要注意把抽象的东西形象化、细节化，我们的语言就会充满一种感染力。好，除了学习之外，欣赏之外，恐怕我们还要读出问题。有问题吗？"

同学们说："有。""问题很多。"

一个同学说："我感到，'简而言之，幸福就是没有痛苦的时刻'与第九自然段'请从此注意幸福'这两句话是矛盾的。"

我说："我有点不太理解你的问题，解释一下，好吗？"

她说："没有痛苦，为什么还要注意幸福呢？"

我说："哦，你的意思是说，幸福是没有痛苦的，很自然而然的，没有必要去注意。同学们怎么看呢？这问题提得挺好。作者是想说明什么问题呢？我们一起来思考。"

一个同学解释说："因为这时的注意并不是说要去刻意地注意它，而是说这一段时间非常短暂的，我们要在它来临的那一刻时要抓紧时间尽情地享受这一美好的时刻。"

我说："嗯，和我的理解基本一致。幸福就是没有痛苦的，很宁静的，但是我们常常容易忽略的，我们不会认为它是幸福的，这时要说：注意，这就是幸福。我不知道我的理解对不对，你们认为呢？还可以继续想，还有没有问题了？”

有同学问：“我想，看得见的恐惧就是灾难来临时的破坏吧，那看不见的恐惧是什么呢？”

我说：“看得见的恐惧是可以预料的——比如，我估计我今天没考好，数学不及格，回去肯定挨打，这是看得见的恐惧。”

同学们大笑。

“那看不见的恐惧是什么呀？”我问。

同学们说：“看不见的恐惧是无形的。”

大家又笑了起来。

我说：“我理解为是无法预测的，是觉得要发生什么事儿，但究竟是什么又不知道，这是恐惧当中的恐惧，这是我的理解啦，不知道对不对。”

我问一位正在思考的同学：“你有没有新的理解？”

他说：“看不见的恐惧是心灵的恐惧。”

我说：“恐惧是一种心灵的感觉。”

另一位同学说：“无形的恐惧就像疾病一样，突然出现了，无法预测的。”

我说：“这个理解有道理。看得见的恐惧是可以预测的，必然的。看不见的恐惧不知道什么时候发生，完全是飞来横祸，可以这样理解的。还有没有问题了？我觉得这个理解比我还好一些。”

又有一位同学问：“第六自然段‘战胜灾难靠得更多的是临门一脚，先前的惴惴不安帮不上忙’，我想问一下，这句是不是与古代名句‘平时不努力，临时抱佛脚’的意思相同？”

我笑了：“不要问我呀，大家一起来思考，咱们一起研究。‘战胜灾难靠得更多的是临门一脚，先前的惴惴不安帮不上忙’是不是‘平时不努力，临时抱佛脚’？好像不是吧，相反的，她这句话的意思还是强调你事先无论怎么预料，无论怎样准备，真正的灾难恐怕不是靠你这些有计划的就能去战胜的，要靠你临时的那种机智。你们不要以为我说的都是对的，你们可以思考一下对不对。——还有啥问题？”

还有同学问：“‘灵魂的快意同器官的舒适像一对孪生兄弟’，这里‘灵魂的快意同器官的舒适’我不能理解，是什么意思？”

我对她说：“你首先问问自己：我有没有这样一种经历——‘灵魂的快意同器官的舒适’？比如踢足球，或者说开车，我刚学会了开车，我最近拿到驾照啦，开车瘾较大，朋友的车拿来就开，在人少的地方开，那种感觉就非常舒服，坐在那儿，手扶方向盘，耳边那种风驰电掣的感觉，我心里很满足。是不是这样来埋解？但是，是不是这二者永远总是统一的呢？那倒不一定。也许，有一个人凭着他的一种信念，他身处恶劣环境，他的感官、器官不一定很舒服，但他的内心很宁静，同样觉得很幸福。”

那个同学点头表示理解了。

“还有啥问题没有啊？”我问大家。

一个同学问：“最后一段：‘常常提醒自己注意幸福，就像在寒冷的日子里经常看看太阳，心就不知不觉暖洋洋，亮光光。’这句话的含义是什么？”

我问大家：“谁来帮我解释一下？‘常常提醒自己注意幸福，就像在寒冷的日子里经常看看太阳，心就不知不觉暖洋洋，亮光光。’文章写到这里就结尾了。”

一个男同学站起来，小声说：“身处逆境的时候就像在寒冷的日子里，得到别人的鼓励就好像在寒冷的日子里看到太阳，心就不知不觉暖洋洋，亮光光。”

我说："我看你回答的时候好像很不幸福的样子。（众笑）不要胆小，不要紧的，大声一些，把你的话重复一遍。"

他鼓起勇气，大声地把刚才的话重复了一遍。

我表扬他："那么多同学不敢举手，他能主动把手举起来回答问题，很不错！他的意思是说幸福有时候是会带来希望的。前面我们总是提到灾难，我们还要常常提醒幸福，一想到幸福我们就有希望了，我们对生活充满信心，心里不知不觉暖洋洋，亮光光。这不是说我们的心发热、发光，而是觉得充满力量。我是这样理解的，文章结尾了嘛，为什么提醒幸福呢，让生活充满暖意。"

还有同学想提问，我说："很遗憾，时间不多了，问题暂时就提到这里。但我还想问大家一个问题，这篇文章有没有什么值得修改的地方？"

大家好像没有思想准备，没有人发言。

我说："我先提几个地方，大家来探讨，看怎么修改。当然，这可能是你们课余作业了。我觉得这篇文章值得修改的地方，我个人认为比较多。我提出来以后你也可以觉得李老师你理解有误，这儿不应该修改。我随便举个例子。第二自然段：'灾祸似乎成了提醒的专利，把提醒也染得充满了淡淡的贬义。'我读到这儿总觉得不太舒服。'充满了'应该是很多很多呀，'淡淡的'，配搭上总有点疏漏。我当然不能说它是病句，但总觉得词语搭配上有点瑕疵。这是一个地方。时间不允许我们展开讨论，大家可以思考一下。还有'幸福有时会同我们开一个玩笑……'看这一自然段，中间有一句'幸福有时会很短暂，不像苦难似的笼罩天空'，用'不像苦难似的笼罩天空'这个比喻是来说明幸福是很短暂的。那么这个'短暂'是一种时间上的概念，这个比喻好像不是很贴切的。幸福是很短暂，应该像什么什么转瞬即逝，它后边的比喻是'不像苦难似的笼罩天空’，‘笼罩天空’是一种空间概念。当然你也可以说笼罩天空的时间很长很长，但它毕竟展开形象不是一种时间的概念。所以我们读书的时候，哪怕是非常好的文章，也要去研究、思考、质疑乃至批判。还有倒数第二自然段。这一段话其实说得非常好的。我先读一遍：‘所以，当我们一无所有的时候，我们也能够说，我很幸福。因为我们还有健康的身体。当我们不再享有健康的时候，那些最勇敢的人可以依然微笑着说：我很幸福。因为我还有一颗健康的心。甚至当我们连心都不存在的时候，那些人类最优秀的分子仍旧可以对宇宙大声说：我很幸福。因为我曾经生活过。’——问题在什么地方呢？”

有同学说：“怎么可能对宇宙大声地喊？”

我说：“嗯，我的疑问在这儿，‘我们连心都不存在的时候，那些人类最优秀的分子……’这里两句话的主语应该是统一的，然而却没有统一——‘我们’‘那些人类最优秀的分子’。不知是不是我的理解有问题。我觉得应该把‘我们’去掉，那这颗心是那些最优秀的分子的。你的心不存在了，他在说他活过？这是什么关系？等等等等。如果同学们细心，下课以后还可以找很多问题的。今天，李老师跟大家讲的无非就是读出自己，读出问题，这就是一种阅读态度，而不仅仅是一种阅读方法。”

下课时间快到了，我说：“最后跟大家讲一个小小的故事作为今天上课的结束。这是一个真实的故事。我有一个好朋友叫姚嗣芳，她是成都市特别有名的小学语文老师，三十多岁，上课上得特别棒，很多学生到那个学校去就想听她的课。她是一个普通的教师，去年10月份听说她被提为成都市锦江区教育局副局长，很多人向她祝贺。我当时也想跟她打个电话，因为忙就没有打。后来听说她腿摔断了，在家里养伤。一晃几个月过去了，今年元旦，我们搞了个聚会，她没来，她学校的校长来了，我就问：

‘姚老师现在去当局长了？’校长说：‘没有，还在我们学校。’怎么回事？她说：‘我不去呀！’大家都非常惊讶。当然，我认为这种惊讶带着世俗的眼光。后来我给她打了个电话，电话里聊了很久。姚老师她不是那么善于张扬的人，她是非常朴实的一个人。后来我一下子就理解她了，她说，她只觉得做老师是最幸福的。很多人觉得她傻，多少人梦寐以求要当这个副局长。她说：‘我用尽了所有的关系去找领导谈，说服领导让我回到学校，就做一名普通的老师，无私奉献。’后来我说：‘姚老师，你既不傻也不高尚，你只是忠实于自己的心灵，实践着体验着自己的幸福观，仅此而已。’我没这个当副局长的机会，因而我没有过这种‘推辞’的经历，但我理解她，这就叫作幸福。这些东西你们现在不一定能够理解，但我想以后随着年龄的增长，你们会逐步理解的。另外，建议大家去找找毕淑敏的其他作品读一读。好，下课。同学们再见！”

同学们大声说：“老师再见！”

【整理附言】

比起我过去一些“精彩纷呈”的借班上课，这堂课平平淡淡，波澜不惊，但我比较满意。这堂课完全放开了，完全交给了学生。我当然有宏观的预设（这是必不可少的），但在具体的课堂教学流程方面，我更追求现场的生成。

所谓“教学要以学生为主体”简直可以说已经成为套话了。套话当然不一定是真理，但真理往往是套话。教学，无非就是帮助学生学习，自然要“以学生为主体”啦！这是不需要论证的，而且我敢说，恐怕现在很少有人会反对“教学要以学生为主体”。但是，怎样落实这个理念呢？这恐怕就不是简单说说就能解决问题的。我们（包括有时候的我）往往胸怀

“学生主体观”走进教室，可一旦进入教学状态，就情不自禁地钻进了“教师中心论”的窠臼，把学生当作自己的教学道具和思想俘虏。——俨然一个好龙的叶公却不觉！

在探索“以学生为主体”的课堂教学过程中，我越来越认为，教学应该以学生的心灵为起点。这里所说的“以学生的心灵为起点”，有三层意思：一是要尊重学生已有的生活体验和认知水平，因此设置教学的“高度”或者说“标尺”；二是在备课时，要把自己当学生去研究思考课文，设想学生在阅读这篇文章时可能会有什么兴奋点或疑难点；三是课堂教学应该从学生的“第一印象”（他们对课文的感悟、评价或者疑难问题）开始。道理很简单——教师之所以要讲一篇课文，首先是因为学生要学！当然，教师在引导学生学习的过程中，也在和学生一起学习。但我说的是“首先”。

正因为如此，我讲《提醒幸福》的时候，便不是由我先定框架，或说几条“要求”以示“引导”，而是让学生在没有任何教师“干扰”的前提下先来一个“干净的阅读”。虽然没有作任何阅读提示，但学生已有的生活经验和认知能力，足以让他们或多或少地对课文产生自己的第一印象，于是，各种独到的发现和见解便在课程上呈现了出来。有时候，所谓“引导”并非手把手地“教”，而是给孩子们提供一块自由的空间。

如此说来，教师是不是就成了多余的人呢？当然不是。当学生说出各种各样的看法后，教师也参与其中——讨论、评价、争鸣……所谓“对话”便开始了。

让人们因我的存在而感到幸福

——我教《一碗清汤荞麦面》

时间：2008年5月7日　地点：山东省杜郎口中学

学生：杜郎口中学初二学生

第一课时

这是我第一次去杜郎口中学时，为该校初二学生上的一堂课。上课地点在学校礼堂，学生坐在台上，台下坐着听课的老师。这也是一堂“突然袭击”的课，我连临时印的课文都来不及发给学生，便匆匆走上了讲台。

尽管时间很紧，但我还是在上课前用两分钟的时间给学生讲了一个关于阿凡提的小笑话，不，不是“讲”，准确地说，是我模拟阿凡提和他们开了一个善意的玩笑。在轻松愉快的气氛中，我宣布：“上课！”

同学们整整齐齐地站起来，对着我齐声吼道：“老师好！”

不愧是杜郎口的学生。我说他们“吼”一点儿都不夸张，他们的声音洪亮而有力度，似乎把天花板都要震塌了。我也真诚地说：“同学们好！请坐！”

我说："你们刚才把我吓了一跳，这么大的声音！"同学们忍不住大笑起来，天真无邪。

就通过这么一句话，我就拉近了和他们的距离，从他们的开怀大笑中，我感到双方都有了一种"大家都不是外人"的亲切。

我顿了顿，说："我先给大家讲一个故事。这个故事曾经打动过无数人，我不知道同学们知不知道。1997年亚洲爆发了金融危机。那场金融危机席卷全球，很多大企业纷纷倒闭，三星集团也一下跌入低谷，举步维艰，月亏损达1700亿韩元。在此紧要关头，三星集团会长……呵呵，他的名字和我的名字差不多。我叫什么名字大家知道不知道？"

同学们齐声说："李镇西！"

我说："对，李镇西。看来你们对我很熟悉了。这个三星集团的会长叫李健熙，听上去像我哥，呵呵！这个李健熙使了一个绝招，他委托副会长尹钟龙召集45000名员工，把他们叫到一块，向他们朗读《一碗清汤荞麦面》。不到10分钟，台下已经有不少人开始啜泣。这篇小说，实际上是一个真实的故事。这个故事在日本家喻户晓，是一个真人真事，只不过一个作家以这个故事为原型创作了一篇小说。就是这篇小说激发了三星集团员工们的斗志。几年后，三星集团第一个冲出金融危机的阴影，很快扭亏为盈。2003年三星集团营业额约965亿美元，品牌价值高达108.5亿美元，在世界百大品牌中排名第25位，连续两年成为成长最快的品牌。2004年，三星赢利104亿美元，创下公司35年来的纪录。这就是这篇小说的力量！后来，他们已经欣欣向荣了，似乎再也没有任何危机，可以歇一口气了。但这时李健熙再次把45000名员工叫到一起，重读这篇小说。说到这里，我就有两个疑问了——我想我们杜郎口中学是主张以学生为主体的，那我问问大家，你们说，听了我这个故事后，你们有什么想问的？"

我的话音刚落，一个学生没举手就站了起来，大声说："这是一个什么故事？会长为什么要第二次给员工读这篇小说呢？"

我肯定了他的提问："对，说得非常好！第一，这究竟是个什么故事？第二，为什么第二次给员工读？这两个问题我马上就可以回答，但我先不说，相信学完这篇课文，大家就知道了。今天我把这个故事带来了。下面，我就给大家朗读这篇小说，这里我给大家解释一下，因为时间紧，我来不及给大家发这篇课文，所以我只好朗读了。我一边读，同学们一边思考，一边学习。"

其实，时间再紧张，发课文的时间还是有的。但我有意暂时不发，我想，第一节课学生不看课文，只听我朗读，这样这个故事便有了一种悬念——而现在的语文课太没悬念啦！

我在黑板上写下课题——"一碗清汤荞麦面"。

写完后，我笑着说："今天李老师请大家吃面，就是清汤荞麦面。"

学生也笑了。

我开始朗读——

对于面馆来说，最忙的时候，要算是大年夜了……

读到这里，我突然停下来，说："插一句，你们听的时候要捕捉小说的细节——什么细节最能打动你，有没有什么疑问，等等。一会儿大家再交流。所谓语文学习就是培养自己对语言的敏锐、敏感，不论阅读、聆听还是写作，你都要在别人没有发现的地方发现问题，发现妙处，这里我不细说，你们下面继续听，一边听一边发现。"

我读到老板抓面的细节——

案板上早就准备好的，堆成一座座小山似的面条，一堆是一人份。老板抓起一堆面，继而又加了半堆，一起放到锅里。老板娘立刻领悟到，这是丈夫特意多给这母子三人的。

我说："听到这儿，不知道同学们听懂了没有。平时我们去吃面，面馆老板是怎么下面的？一般是凭感觉直接用手去抓的，抓一两，抓二两，是不是？但在日本不是这样的，他们是事先把这个分量分好，一堆一堆的，一堆就是一人份。"

我继续读——

热腾腾香喷喷的清汤荞麦面放到桌上，母子三人立即围着这碗面，头碰头地吃了起来。

"真好吃啊！"哥哥说。

"妈妈也吃呀。"弟弟夹了一筷面，送到妈妈的口中。

不一会儿，面吃完了，付了一百五十块钱。

"承蒙款待。"母子三人一齐点头谢过，出了店门。

"谢谢，祝你们过个好年！"老板和老板娘应声回答着。

读完母子三人第一次到面馆吃面的情景，我暂时停了下来，提示道："这是母子三人第一次吃面。对这第一次吃面，同学们有什么疑问没有啊？听到这儿有没有想知道的？"

一个同学跃跃欲试，想站起来。

我走到他面前，问："你有什么疑问啊？"

他问："孩子为什么要'怯生生'的呢？"

我对其他同学说："这个问题问得真好！就是啊，他为什么要'怯生生'的呢？为什么不是很豪放地喊一声'来碗面'？"

有同学站起来说："他害怕。"

我问："为什么害怕呢？"

"这一家人很穷，他担心别人看不起他。"

我追问："你是从什么地方知道这一家人穷的呢？"

另一个学生说："这位母亲穿着不合时宜的短大衣，说明这户人家非常穷。"

我说："你真细心！好，咱们这样，更多的问题咱们一会儿再研究。"

我评论道："第一次吃面就这么几句话，但人物形象以及他们的内心世界都展示出来了。你们看，这几段的写作，笔墨非常简洁。一晃就是第二年大年夜。"

我继续朗读……

第二次吃面读完了，我问："大家猜猜，他们还会不会来？"

同学们齐声说："会！"

"理由何在？"

一个学生回答："前面几次都来这里吃，所以我估计这一年过年他们也应该会来。"

"哦，惯性，是不是？对，惯性，回头客一个！"我说，"可他们究竟来没来呢？"

学生中有的说会来，有的说不会来了。

我问："有的同学为什么会认为他们不来了呢？"

一个同学说："面涨价了。"

我问："是吗？因为吃不起涨了价的面，是吗？"这个学生的答案很幼稚，但他能够站起来大声说，这种参与勇气应该肯定。

我笑道："你这个想法有一定的道理。那么，他们究竟是来还是不来呢？这是一个悬念。呵呵！"

学生们急切地看着我，期待着我赶快接着朗读。

我继续朗读——

他们来了。哥哥穿着中学生的制服，弟弟穿着去年哥哥穿的那件略有些大的旧衣服，兄弟俩都长大了，有点认不出来了。母亲还是穿着那件不合时令的有些褪色的短大衣。

同学们露出欣慰的笑容，有的甚至小声说："终于来了。"

我却停下了朗读，问道："为什么这母子三人三次吃面都是在年夜该打烊的时候才来？"

一个学生接着我的问题问道："为什么他们都是在人都走了以后才来呢？"

"是啊！"我说，"你们想过这个问题没有？"

一个女生站起来说："因为年夜饭是一年的最后一顿饭，母亲希望两个孩子能够吃到最好的年夜饭。"

我问："是这样的吗？这样吧，我们先把问题提出来，先不忙着解答。还有什么问题呀？"

一个学生问："为什么母子三人要等到最后没人的时候才来吃饭？为什么不在别的时候来吃呢？"

我肯定了他的提问："对啊！既然是吃面，什么时候不能来呢？是吧！"

一个学生问："他们在这个面馆吃清汤荞麦面，已经是常客了，为什么还要‘怯生生’的呢？”

“就是，已经是熟人了！”我说，“还‘怯生生’的干什么呢？这些问题都提得很好。还有没有问题？我还有疑问呢……哎，你说！”我请一位学生说。

他说：“为什么老板娘老说那句话，就不会说别的吗？”

我表示“共鸣”：“是啊，每次都说‘欢迎’、‘请坐’，不说其他的……”

一个学生站起来说：“这说明她有礼貌，对客人热情，当然要说这几句话了！”

我说：“这个同学的意思是对客人热情礼貌，自然要说‘欢迎’、‘请坐’之类的话。嗯，我认为是这样的。”

另一个学生问：“两个孩子的爸爸怎么没来呢？”

我非常高兴学生能提出这个问题：“对呀！我第一次读这篇小说时也有这个疑问。孩子他爹到哪儿去了呢？作者为什么不交代？这里面肯定也有奥秘。咱们还是接着往下听吧！”

我继续读——

老板娘把他们领到二号桌，若无其事地将桌上那块“预约席”的牌子藏了起来，对柜台喊着：

“清汤荞麦面两碗！”

“好——咧！清汤荞麦面两碗——”

老板应声答着，把三碗面的分量放进了锅里。

母子三人吃着两碗清汤荞麦面，说着，笑着。

读到这里，我又停下来，议论道："小说写到这里，有的东西似乎应该交代了。也就是说，前面留下的伏笔，这里似乎应该挑明了。比如，前两次母子三人来吃面，我们感到他们背后还有故事，但作者有意没说，这里要说了。"

学生们几乎是屏住呼吸，凝神看着我，非常认真地听着。

我继续朗读——

"孩子，今天，我做母亲的想要向你们道谢。"

"道谢？向我们……为什么？"

"实在是，因为你们的父亲死于交通事故，生前欠下了八个人的钱。我把抚恤金全部还了债。还不够的部分，就每月五万元分期偿还。"

"这些我们都知道呀。"

老板和老板娘在柜台里，一动不动，凝神听着。

"剩下的债，到明年三月就可以还清了。可实际上，今天就可全部还清。"

我说："妈妈要给孩子说秘密，说秘密之前先说了家庭的经历，这些本来孩子都知道，但读者不知道，因此，必须通过妈妈的嘴交代出来；而对孩子说这些是为后面的秘密做铺垫。她说今天可以还清债务，为什么可以还清呢？同学们能够猜出来吗？"

我有意卖个关子，同学们果真思考起来，有同学马上说："是不是捡到了一笔钱啊？"他的话引出了大家的笑声。

我也笑了，说道："呵呵，你怎么不说中了彩票呢？好，咱们接着听。"

我继续朗读——

“啊，真的？妈妈。”

“是真的。大儿每天送报赚钱支持我，淳儿每天买菜烧饭帮助我，所以我能够安心工作，因为我努力工作，得到了公司的特别津贴，所以现在能够全部还清债款。”

“好啊！妈妈，哥哥，从现在起，每天烧饭的事还是包给我了。”

“我也继续送报。弟弟，我们一起努力吧！”

“谢谢，真是谢……谢……”

同学们一下子恍然大悟：“噢！原来是领到了一笔津贴！”

“是的，妈妈领到了一笔津贴，可这里面有孩子的功劳！”我说，“刚才是妈妈告诉孩子们一个秘密，现在孩子们也要告诉妈妈一个秘密了，哥哥要说了……”

我继续朗读——

“我和弟弟也有一件事瞒着妈妈，今天可以说了。这是在十一月的星期天，我到弟弟学校去参加家长会。这时，弟弟已经藏了一封老师给妈妈的信……弟弟写的作文如果被选为北海道的代表，就能参加全国的作文比赛。正因为这样，家长会的那天，老师要弟弟自己朗读这篇作文。老师的信如果给妈妈看了，妈妈一定会向公司请假，去听弟弟朗读作文。于是……”

我停下朗读，问道：“同学们想，弟弟把这封信给妈妈了没有？”

同学们齐声说：“没有。”

“那么他想不想妈妈参加呢？”

“当然想！”

“那他为什么不告诉妈妈呢？”

“他不愿意妈妈耽误工作！”

我说：“是啊，多懂事的孩子啊！这是第三次吃面。还会不会有第四次呢？请听我继续读。”

我继续读道——

“弟弟就没有把这封信交给妈妈。这事我还是从弟弟的朋友那里听来的，所以，家长会那天，是我去了。”

“哦，原来是这样……那后来呢？”

“老师出的作文题目是‘你将来想成为怎样的人’，全体学生都写了。弟弟的作文题目是‘一碗清汤荞麦面’。一听题目，我就知道是写的北海亭面馆的事。弟弟这家伙，怎么把这种难为情的事写出来，我这么想着。

“作文写的是，父亲死于交通事故，留下一大笔债。母亲每天从早到晚拼命工作，我去送早报和晚报……弟弟全都写了出来。接着又写，十二月三十一日的晚上，母子三人吃一碗清汤荞麦面，非常好吃……三个人只买了一碗清汤荞麦面，可面馆的叔叔阿姨还是很热情地接待了我们，谢谢我们，还祝我们过个好年。听到这声音，弟弟的心中不由得喊着：‘不能失败，要努力，要好好活着！’因此，弟弟长大成人后，想开一家日本第一的面馆，也要对顾客说：‘努力吧，祝你幸福，谢谢。’弟弟大声地朗读着作文……”

学生们屏住呼吸，听着我的朗读——

作为年夜饭的清汤荞麦面吃完了，付了三百元。

“承蒙款待。”母子三人深深地低头道谢后走出了店门。

“谢谢，祝你们过个好年！”

老板和老板娘大声地向他们祝福着，目送着他们远去……

又是一年的大年夜降临了。北海亭面馆里，晚上九点一过，二号桌上又摆上了“预约席”的牌子，等待着母子三人的到来。

“你们说他们来了没有？”我笑眯眯地问。

同学们各说不一，有的说来了，有的说没来。

我问：“作为读者，你们有没有惦记着他们，希望他们出现？”

同学们整齐地说：“希望！”

我读道——

可是，没看到那三人的身影。

“可是，母子三人并没有来！”我说，“我想，此刻在座的每一个同学，包括台下的老师和同学，一定在惦记着、关心着这母子三人的命运。”

我略加停顿，继续往下读——

时光流逝，年复一年，这一年的大年夜又来到了。

……九点半一过，以鱼店老板夫妇双手捧着装满生鱼片的大盆子进来为信号，平时亲如家人的朋友们大约三十多人，也都带着酒菜，陆陆续续地会集到北海亭。店里的气氛，一下子热闹起来。

知道二号桌由来的朋友们，嘴里虽然没说什么，可心里都在想着，今年二号桌也许又要空等了吧。那块“预约席”的牌子，早已悄悄地站在二号桌上。

狭窄的坐席之间，客人们一点一点地移动着身子坐下，有人还招呼着迟到的朋友。吃着面，喝着酒，互相夹着菜。

……十点半时，北海亭里的气氛达到了顶点。

就在这时，店门被咯吱咯吱地拉开了。人们都向门口望去，屋子里突然静了下来。

我说："哦，终于等到了。那是不是他们呢？小说就这样一波三折，吊足了读者的胃口。神圣的时刻、盼望已久的时刻到了。"

我继续读——

面对不知所措的老板娘，青年中的一位开口了。

"我们就是十四年前的大年夜，母子三人共吃一碗清汤荞麦面的顾客，那时，就是这一碗清汤荞麦面的鼓励，使我们三人同心协力，度过了艰难的岁月。这以后，我们搬到母亲的亲戚家滋贺县去了。

"我今年通过了医生的国家考试，现在京都的大学医院里当实习医生。明年四月，我将到札幌的综合医院工作。还没有开面馆的弟弟，现在京都的银行里工作。我和弟弟商谈，计划了这平生第一次的奢侈的行动。就这样，今天我们母子三人，特意来拜访，想要麻烦你们烧三碗清汤荞麦面。"

边听边点头的老板夫妇，泪珠一串串地掉下来。

……

"欢……欢迎，请，请坐……孩子他爹，二号桌清汤荞麦面三碗——"

"好咧——清汤荞麦面三碗——"可泪流满面的丈夫却应不出来。

店里，突然爆发出一阵欢呼声和鼓掌声。

店外，刚才还在纷纷扬扬飘着的雪花，此刻也停了。皑皑白雪映着明净的窗子，那写着“北海亭”的布帘子，在正月的清风中，摇曳着，飘着……

课文读完了，没有掌声，同学们沉默了良久。好些同学在用手擦拭眼泪。

我缓缓地说：“我想，同学们在用沉默告诉我，此刻你们一定心潮起伏。现在请同学们用一句最简练的话说说，你听了之后的第一感觉是什么？”

依然是沉默，好些同学依然在沉默中流泪，手不停地在脸上擦拭着。在学生沉默的时候，我没有催促他们。我认为，有时候教师应该给学生沉默的时间。因为此刻他们的心灵深处正翻腾着波澜。允许学生沉默，这是对他们心灵的尊重。

一个学生红着眼睛站起来说道：“我读到了两点：一点就是店主的善良，还有一点就是孩子懂事。”

我说：“嗯，第一，读出了店主的善良，第二，读出了孩子懂事。哦，你也有话要说。你说吧！”

另一个学生站起来说道：“我只感到‘佩服’。”

我问：“你佩服什么？”

“我佩服母子三人坚定不屈的精神！”

又一个同学说：“感动我的并不一定是轰轰烈烈的大事，相反，今天李老师给我们讲的《一碗清汤荞麦面》，同样使我感动。”

我说：“嗯，小事也能感动人。”

还有学生说：“我读到的是一种毅力。我想，当我们面对困难的时候，我们要做的不是退缩，而是相互鼓励，一起去面对困难，走出困境。”

我说：“你读到的是人与人之间的相互鼓励、相互呵护、相互温暖。非常好！其他同学还有没有啊？”

又一个同学说：“我认为一个人不一定要做出轰轰烈烈的大事才令人

敬仰，他本身或者从一些小事上所体现出来的品质和精神，也能让我们对他产生一种敬意。”

另一个同学说：“我的感受是，在别人最艰难的时候，我们哪怕给他一点点温暖，都能够让他走出困境。”

同学们纷纷踊跃发言，说出了自己的感受。这些感受有的也许是肤浅的，但都很真诚。

我说：“刚才同学们说的都很好。大家的感受不完全一样，但大家都从不同的侧面感受到了小说的主题。这篇小说的主题本身不是单一的。比如说，我们不能简单地说这篇小说只是表现善良，也不能简单地说它表现了自强不息。当然，它表现了善良和坚强，但又不仅仅是善良和坚强，它还表现了很多其他东西，比如母亲对儿子的慈爱，又比如孩子的懂事、对母亲的孝敬，还有刚才这位同学讲的，人与人之间的关怀和温暖。另外，这篇小说还表现了感恩，等等。不同的人，处于不同的心境或者不同的年龄，读同一篇小说时，所得到的也不一样。我用一个短语来概括这篇小说的主题，这样概括可以包括刚才同学们说到的那些精神品质——这篇小说是一曲人性的赞歌。善良啊，坚韧啊，互助啊，慈爱啊，孝敬啊，感恩啊，等等，这美好的一切，都是美好的人性，而小说便是一曲人性的赞歌！同学们同不同意我的概括啊？”

同学们纷纷点头。

“但是，人性的赞歌只是作者的意图；那么，作者是如何谱写这曲赞歌的呢？是怎么把这曲人性的赞歌表现出来的呢？这就涉及小说的艺术手法了。我们这堂课初步明确了小说的内容和主题，接下来我们就要讨论、琢磨这么一曲美好的颂歌，是怎么谱成的。我们下一节课再来研究。好，下课时间到了，同学们先休息一会儿，课间我会把这篇小说发给大家，一会儿我们再来研究。谢谢大家，下课。”

学生们齐刷刷地站了起来，大吼道：“老师再见！”

台下响起了掌声。

第二课时

师生互致问候之后，我说：“第一堂课，我给同学们朗诵了一篇小说。快下课的时候，同学们归纳了这篇文章的主题，就是人性美，这很感人。但从语文学习的角度来看，如果我们不研究这篇文章的妙处，那么，我们的收获依然有限。我们要弄明白，小说是如何让我们怦然心动的。这堂课我们就研究这个问题。”

我又说：“课间我已经把课文发给大家了。大家现在看看手里的课文，在最后，你们可以看到，本来我有两个预习题应该事先告诉大家，但因为刚才那堂课没有发给你们，所以只好现在给大家说说。第一，通过阅读扫清字词障碍。你们读了一遍，有没有发现不认识的字词呢？嗯，没有人提出。这篇文章没有生词。咱们这个环节就省略了。有没有？有没有同学不认识的字？还是没有。这样吧，如果有的话，一会儿再提出来。第二个呢，是要求同学们找出最吸引你或最让你感动的地方，小组互相交流。我想请每个小组先分组交流一下。刚才大家听我读了这篇小说，现在手里又有这篇小说，你们还可以重新看看，哪一个细节最让你们感动。想好了再小组交流，每一个同学都说一个地方，互相交流，然后，我们以小组为单位请一个同学起来发言。给大家五分钟的时间小组内讨论交流。”

我刚说完，下面就“吵闹”起来，杜郎口的学生真是敢说，而且声音洪亮。我巡视各小组，看见学生们极为投入，讨论非常活跃。有的用普通话说，有的用方言说，整个场面如同炸了锅一样。

五分钟到了，还有两个小组在讨论，我等了等，并请已经交流完的小组推选发言者。

六分钟之后，同学们开始安静下来，看来所有小组的组内交流都结束了。

我说："同学们，我们现在分小组派代表站起来发言交流。刚才同学们讨论得非常热烈。如果让每个同学都发言，大家肯定会说得很精彩，但如果那样，咱们这堂课就只有到下午才能结束了，而下午我就要坐飞机回成都了……"

"啊？""唉！"同学们马上发出叹息声。

那一刻，我心中升起一份感动："同学们感到很惋惜，让我很感动。刚才我的意思是说，如果让每个同学都发言，那么时间是不够的。所以我们只能这样，让每个组派个代表吧！每个组由一个人说说最让你感动的细节，注意，是分析细节。但是别人说过的你不要再重复；当然，如果别人分析某个细节时你认为他分析得还不够，你也可以补充。好，哪个小组先说？"

一个学生站起来说："第一次吃面的时候，两个孩子穿着崭新的运动服，然而母亲却穿着不合时宜的斜格子大衣。两个孩子和母亲的穿着就有天壤之别：一个是崭新的运动服，另一个是不合时宜的斜格子短大衣。这个对比就突出了母爱——这位母亲宁可自己牺牲一点，穿得陈旧而且不合时令，也要让孩子穿得好一点。我很感动。"

我立刻表扬道："很好！从母子不同的穿着中，他读到了母爱。还有吗？下一个组……"

一个女生说："从第三自然段到第九自然段，从'怯生生地'可以看出孩子有些害怕老板，但他们后来被老板娘的热情感动了，不再害怕了。有人说母爱是世界上最伟大的爱，而这让我体会到，世界上最伟大的爱是普通人之间的关爱。这是一种超越亲情的仁爱，是一种比天还高的境界，也是一种最可贵的爱，更是一种品质的升华，所以我们一定要珍惜每一个普通的人对我们的爱，也要积极地去爱周围的每一个普通的人。”

她的发言激起了全场热烈的掌声。

我说：“这位同学说得比较好……”这时一位同学站起来想发言，我示意他先等一下，“你先稍微等等再说，好吗？同学们，今天咱们是互相讨论，我也可以发言，等我说完了，你再说，好不好？”于是，那个站起来的同学便坐下去了。

我继续说：“刚才我对这位女同学的评价是‘比较好’，而没有说‘非常好’，为什么呢？”

我停顿了一下，让同学们有一个思考的时间。然后，我接着说：“刚才她发言完毕时，全场响起了掌声，这个掌声说明她的发言不错，有可取的地方，我也赞同，所以我说她说得‘比较好’。但我为什么说‘比较好’呢？因为她说这个‘怯生生’表示害怕。我在想：母子三人害怕什么呀？当然，你可以和我争论，但我不同意你说母子三人害怕。你为什么说他们害怕？难道老板手里拿着菜刀？”

刚才发言的女生重新站起来说：“他们害怕是怕老板和老板娘看不起他们，对他们有一种鄙视的心理。”

我请她坐下，然后说：“这个补充很好。与其说是害怕，不如说是……”

有同学站起来说：“怕别人看不起自己。”

我说：“怕别人看不起自己？很好，这种心理叫作——”我有意停顿了一下。

好几个学生说：“自卑。”

“对！是自卑！”我说，“与其说是害怕，不如说是自卑。‘害怕’

是面对强势、凶神恶煞而胆战心惊。而‘自卑’就不一定嘛，他们觉得自己不如别人，所以自卑。我特别赞成刚才那位同学说的一句话——母爱伟大，比它更伟大的是陌生人之间的爱。我经常说这样一句话：都说中国人有人情味，这是不对的，其实中国人只是在熟人之间有人情味。你到街上去看看，不认识你的人对你是很冷漠的。所以以前国营商场里贴着‘把顾客当上帝’的口号，看起来把顾客捧得很高，但是你进去买东西时，人家对你可能依然很冷漠，因为‘上帝’太遥远啦！所以当时我就建议把这一句话改改，改成什么呢？改成‘把顾客当亲戚’，这样一来，我们进商场，就是亲戚来了，服务员也会想，哦，我的亲戚来了，那得热情点儿，亲戚嘛！”

同学们笑了。

我说：“所以说，陌生人之间的爱更伟大。好，这位同学一直想说，请你说吧！”

谁知同时站起来两个同学。我笑了，说：“这样吧，女士优先，让这位女同学先说，好吗？”那个男生只好坐下去了。

那位女同学说：“十四年前的大年夜母子三人同吃一碗清汤荞麦面，那时候他们很穷困；十四年后，他们又一次来到这个店里吃面，我感觉到他们是来感恩的。因为母子三人在最困难的时候，是老板娘给了他们鼓励，于是，他们三人齐心合力，度过了艰难的岁月。老板娘在这十四年里，时常期盼着母子三人。最后这重逢的场面让我非常感动。所以我们要学会感恩，时刻牢记对我们有过关爱的人，记住所有帮助过我们的人！”

掌声再次响起来。但我对这个回答还不满足，我觉得还应引导学生更加深入地挖掘一下。在她发言的时候，我在黑板上写了一行字——“怦然心动”、“若有所思”。

掌声平息后，我说：“我追问一句——你先坐下——母子三人在最困难的时候，连续三年到这个面馆吃面，所以，多年后他们来感恩，那么我想问的是，他们究竟从这碗面中得到了什么？同学们不但要感动，还要往深处追问。你们看，我这里写了一行字——‘怦然心动’、‘若有所思’。我想表达什么意思呢？我们一开始听这篇小说的时候很感动，是‘怦然心动’；感动之后还要思考，这就叫‘若有所思’。好，想一想，从这碗面中他们得到了什么？”

再次安静下来，同学们在思考。我不急，从容地给他们以思考的时间。

时间一分一秒地过去了，没有学生站起来，看来他们被难住了。于是，我决定给他们一点提示：“得到了什么啊？注意，书上是有答案的。”

学生们纷纷低头看课文。

不一会儿，一个男生站起来了，可是一个女生抢了他的话：“我认为……”那个男生不甘示弱，大声说：“从第九自然段……”

我这次对那个女同学说：“是他先站起来的，请他先说，好吗？”那个女生坐下去了，男生重新开始说：“从第九自然段的描写来看，老板抓起一堆面，继而又加了半堆，一起放进锅里。老板娘立刻领悟到，这是丈夫特意多给这母子三人的。后面，第二十二自然段、第二十六自然段、第四十三自然段，从这三个地方可以看出，这位老板娘对母子三人的关心和爱护不是随意的，而是有意的。老板娘不因她穿的服饰而把她看扁了，而是同样的热情真诚，老板娘对所有顾客都是一视同仁的。但是，对这母子三人却特别照顾，而又不让他们知道。这就是清汤荞麦面所包含的关爱。”

我说：“很好，老板娘不是居高临下地爱。既要给人以爱，也要给人以尊严，这是爱的一种境界。给一个人以善良，同时给他以尊严。真让人感动！——你接着说。”

因为那位男生说完后没有坐下，显然还没有说完，因此，我让他继续说。

他继续找课文上的内容，同时加以分析："从第四十五到第六十三自然段可以看出，妈妈对孩子表示歉意，这表现出妈妈对孩子的爱；而这两个孩子也对妈妈表示歉意，这说明了他们对妈妈的关心，不想让妈妈因为去开家长会而影响工作。从这些地方都可以看出，无论是妈妈，还是孩子，都是随时想着他人的。这种品质让他们能够理解面馆里的清汤荞麦面所包含的一切。"

我不禁赞叹道："说得真好！"

又站起来一个同学，说道："除了吴悠同学所说的那个给了母子三人以尊严的例子外，还有很多地方也体现了老板和老板娘给了母子三人尊严。比如说，物价上涨了，面的价格也上涨了，他们母子三人还没有到的时候，老板和老板娘就把价格牌翻了过来，这个行为也给了母子三人尊严。还有就是在第三次吃面的时候，老板娘摆好预约牌，当母子三人到了的时候，老板娘又把预约牌若无其事地藏了起来，这说明老板和老板娘给了他们尊严。"

这个同学刚说到这里，另一个学生站起来反驳他："我觉得，刚才你用词用得不太恰当，不能说'给了他们尊严'，应该说'尊重他们'！"

我说："嗯，我同意你的看法，非常好。尊严人本身就有，我们要尊重他。由刚才这位同学的发言，我想到我们现在的媒体宣传，就有这个问题：有时过度渲染对某个人的关心、关爱，其实，这会让被关心者很难堪。我们经常可以在电视里看到这样的场面：一个小女孩父母双亡后，社会都去关心她，记者最喜欢问'你有什么感想'，无非就是要别人说一些感谢的话。我看了很难受。其实，真正的爱是不露痕迹的，而且是润物无声的。像这位老板娘，她关心这母子三人，但做得那么自然、毫不张扬。好，那个同学又站起来了，你要说什么呢？"

这位女生说："从第十自然段到第十三自然段，妈妈和孩子看似朴实的几句对话，却饱含着温馨的感情。这些话很朴实，但让我很感动。有时候，爱不需要华丽的语言，甚至不需要甜美的声音，哪怕就一个动作、一个眼神，也可以将爱表现得淋漓尽致。高山会变成海洋，海洋也会变成高山，但是，无论海枯石烂、天荒地老，总有一种情是不会改变的——那，便是亲情，亲情会温暖我们一生。"

全场爆发出热烈的掌声。

"好，好！我被课文中的亲情感动了，也被你的分析感动了。我还让同学们捕捉一些细节，比如刚才你说的眼神啊，动作啊，等等，通过这些细节，我们能够感受到其中蕴涵的情感。你刚才分析的就是'弟弟夹了一筷面，送到妈妈的口中'，是不是这个细节？"

那位女生点点头说："是的！"

"那我再为你做点补充，好吗？"我说，"作者的写作非常简练。'"妈妈也吃呀。"弟弟夹了一筷面，送到妈妈的口中。'这里，其实，不仅仅表现了弟弟对妈妈的爱，它还隐含着另外的意思。大家想想，弟弟这句话还有一层意思，是什么呀？"

学生一时陷入了沉思。

我启发道："妈妈吃了没有？"

大家一起说："没有吃！"

"你们怎么知道妈妈没有吃呢？文中并没有明说呀！"

刚才发言的那位女生说："因为弟弟叫妈妈吃。"

我说："嗯，妈妈没有吃，那妈妈在干什么呢？"

几个同学一起说："在看着孩子吃。"

"看着孩子吃。对啊！"我说，"你们看，这里作者没有直接写妈妈，而是写弟弟劝妈妈吃面，这样一举两得，表面上写弟弟，其实也写妈妈了。我们一起来想象一下，这个画面多美啊！妈妈在看着孩子吃，虽然她很饿，但看着孩子们吃得很香，自己便觉得很幸福，这就是母爱；而弟弟很懂事，'妈妈也吃呀。'然后夹了一筷子面送到妈妈的口里。这个细节，既写了儿子的孝敬，又写了母亲的慈爱。这就是作者的高明之处。好，哪位同学再接着分析？"

一个学生站起来说："这篇小说令我最感动的地方，是老板夫妇为素不相识的母子三人预留二号桌，不管他们是来还是不来，二号桌都给他们留着。而且，每次在他们离开时都为他们送上温馨的祝福：'谢谢，祝你们过个好年！'这句话非常普通，但它让我想到，在他人遭遇困难的时候，有时候我们的一句话，哪怕一句非常平常的话，对他都是最大的精神鼓励！比如这篇小说中老板娘对母子三人的新年祝福，就足以使他们有信心，坚持下去！"

这个学生的分析无疑是正确的，但我觉得还不够，或者说他对老板娘的祝福理解得还不够透彻。我决定引导大家往深处思考："对，这个同学在这儿看到的是老板娘对他们的祝福。不过，我想接着他的分析追问一个问题：老板夫妇每次在母子三人离去的时候都要对他们说'祝你们过个好年'，这是为什么？"

一位男生小声说："习惯。"

我问："习惯？他说的对不对？"

没人回答。

我启发道："习惯，不一定是发自内心的，习惯嘛！"

有学生急了，说道："不对，是真心的祝福。"

"嗯，我也认为那不仅仅是习惯，更多的是真心的祝福。可是，这只是单纯的新年祝福吗？"

面对我的提问，学生们继续保持沉默，他们都在思考。

我决定给学生的思维搭个桥："大家换个角度想想，从母子三人第一次到这家店里吃面开始，至第二次、第三次，老板娘对他们三人的感情有没有变化？都是一样的吗？"

一个学生说："还是有变化的。"

我问："有什么变化呢？一开始是什么？"

学生说："一开始，是一种同情，后来便增加了关心。"

我引导学生注意课文中的一个细节："大家看文中这一处，这个细节不容易捕捉到，这就是母子三人第三次吃面后离去的时候，作者写老板夫妇送他们的时候用了一个词，仔细看看，是什么词？"

全班学生一起说："目送！"

我问："什么叫'目送'呢？"

学生们说："就是久久地注视着他们的背影。"

我说："这种眼神里就不仅仅是一般的关心了，还有什么在里面啊？"

学生们说："敬佩！""敬仰！"

"不错，我也认为是敬仰。"我继续往深处引导，"可老板夫妇为什么敬仰母子三人呢？或者说，究竟是谁帮助了谁呀？"

几个学生几乎是齐声说："是母子三人帮助了老板夫妇！"

"是怎么帮助的？"我问。

一个学生说："因为他们三人并没有因为生活困难而放弃生活，还是勇敢地生活下去，这种精神感动了老板夫妇，母子三人在精神上帮助了老板夫妇！"

我忍不住赞叹道："对，说得真好！你说到精神，让我想到文中的一个细节，那就是老板夫妇一直保留着那张旧桌子。为什么要把这张桌子保留着呢？这张桌子是一种精神，它代表着自强不息的精神。对不对？最初，母子三人从这碗面当中获得了一种精神，那是素不相识的人所奉献的爱，这让他们感到这个社会上还有很多人在关心着他们。这是老板娘给母子三人的关心。而他们的精神对老板夫妇是一种激励，这也是让人很感动的。因此，是谁帮助了谁？"

学生们说："是互相帮助。"

"对。老板娘夫妇和母子三人，他们在精神上互相取暖，各自用人性的光芒照耀着对方，这是两颗心，不，应该说是好多颗心所散发出的真善美的光芒，彼此交相辉映，让人很感动。"

学生们再次沉默，但这次的沉默与其说是在思考，不如说是被感动了。

应该说，课文学到这里，学生们的心灵已经被打动了，对课文的思想感情也基本理解了，但是如果到此为止，我觉得这只是一堂生动感人的班会课；作为语文课，还应该有更语文的东西。

于是，我说："我能够感到大家都被这个故事感动了。但这个故事之所以感人，还和作者的写法有关，或者说，与作者叙述故事的技巧有关。那么我要问了，作者是怎么讲这个故事的呢？"

一个学生说："作者写了很多细节。"

我说："是的，从某种意义上说，这个故事是由许多细节构成的。我们不能空洞地说这个老板娘善良啊，怎么善良呢？一定要有细节来证明，细到每一个动作、每一句话、每一个表情、每一个眼神……为什么有的同学平时写文章总是干巴巴的？因为他只是说做了什么，却没有说是怎么做的。比如，这篇小说完全可以这么来写：这母子三人到一家面馆去吃面，很感动，然而他们家境贫寒，又感动了老板娘，后来老板呢，生意就越来越好了。又过了好几年没有见面，后来再次见面了，还是很感动。没了！”

学生大笑。

我说：“笑什么呢？难道我没把这个故事讲清楚吗？不是！我把这个故事讲得很清楚啊。但是没有细节，如同一个人只有骨头没有皮肉一样。写人叙事一定要注重细节，这算是我们今天学这篇课文受到的启示吧！除此之外，还有什么呢？还有结构。”我一边说一边在黑板上快速板书：“这篇文章在结构上有什么特别的地方呢？”

环顾四周，没有学生发言。我感到这个问题对他们来说，不仅有些难，而且太陡，也就是说，我提得太突然，缺乏铺垫。于是，我问：“这篇文章是以谁的角度来叙述的？”

有学生说：“第三人称。”

我说：“是第三人称。还能不能再说得具体些，是以谁的眼光来看这个故事的？”

学生们说：“老板娘。”

我说：“嗯，老板娘，对不对？对，整个过程是以老板娘的眼光去看的。总共四次吃面，每次吃面和前一次有什么不同？想一想。第一、二次吃面可不可以不要？这个问题大家讨论一下。第四次是全文的高潮，肯定是不能省略的。第二次是不是可以省略？甚至第一、二次可不可以不要？分组讨论一下，作者这样写的作用何在？你们讨论完了就可以站起来说了。”

教室里顿时又炸开了锅，学生们在各自的组内热烈讨论。

不一会儿，一个男生站起来说道：“我认为第一次不可以省略，因为这是小说的铺垫；第二次和第三次是故事的发展和感情的升华，体现了人性美。”

我说：“我和你看法不同。我们碰撞一下。第一次我认为的确应该保留。至少，从中我们可以简单地知道，小说的主人公是谁，他们做了什么。这是主人公第一次出场，是不应该略去。但是注意一下，第二次吃面和第一次吃面，作者的描写几乎是重复的，没有什么新的交代。所以，我认为第二次是可以省略的。”

被我这么一激，一个女生大声说：“第二次肯定不可以省略！因为我们看到，他们第二次去吃面的时候，作者写了老板和老板娘的对话。老板娘要老板给他们下三碗，而老板说，不行，这会让他们尴尬的。这是对母子三人人格的尊重。若没有这几句对话，就不能更充分地展示老板夫妇的善良。”

我故意不以为然地摇摇头道：“但是这一对话，放到第三次也可以呀，甚至放到第一次也可以嘛！”

学生们又陷入了思考。

我继续引导启发：“这样，同学先思考这几个问题：母子三人第一次进入这家面馆，是偶然的，还是必然的？你们想想，或者说猜猜。”

一位男生小声说：“偶然的。”

“是吗？”我问。

很多学生点点头说：“是偶然的。”

我说：“嗯，是偶然的，我也同意这个判断，的确是偶然的因素多一些。可能母子三人在街上漫无目的地走，走到这家面馆外面，哦，这儿有个面馆，咱们进去吃。当时，很晚了，人们都像失踪似的没影了。为什么要在这个时候才来吃面呢？”

学生说：“怕别人看见他们三个人才吃一碗面。”

“对，还是因为自卑。日本有个习俗——到了除夕之夜人人都要吃面。所以母子三人要等吃面的人都走光了才来吃。好，这算是偶然的。而站在老板的角度看，母子三人的到来，是偶然的，还是必然的？”

学生们说：“还是偶然的，而且是突然的，他们不知道这母子三人会来。”

"好，这个问题算解决了吧！那我再问：第二次他们又来吃面，这是必然的还是……"

学生们打断了我的话："必然的！"

我问："为什么呢？是因为这里的面分量多一些，味道好一些？"

"不是！是因为老板夫妇的热情和真诚！"学生们说。

我说："对，可能分量和味道也是原因，但不是主要原因，主要的原因正如你们所说，是老板的热情和真诚。那么站在老板的角度想，母子三人第二次出现在这个面馆，是偶然的，还是必然的？"

学生们说："偶然的，而且也是突然的。"

我说："我同意大家的观点，还是偶然的，同时也是突然的：嗯？又来了！对不对？这两次对老板娘来说是突然的。但在写法上作者充分考虑了读者的心理，两次吃面，几乎是简单的重复，但在读者的心中却形成了悬念——怎么又来了？怎么还是他们母子三人呢？她怎么还是穿着那件衣服呢？为什么还是吃一碗面呢？你们看，这看似简单的重复，却在读者心里画了一大串问号，增强了悬念，增加了读者想继续读下去的欲望。你们想一想，如果把这段话去掉，它的感染力是不是要大打折扣啊？"

学生们情不自禁地点点头。

"在读者的期盼中，母子三人第三次出场了。这第三次来吃面，对母子三人来说，更是必然的了。而对老板来说，他们母子三人的再次出现，是意料当中的，还是意料之外的呢？"

全班整整齐齐地回答："意料当中！"

我说："嗯，一定是意料当中的，岂止是'意料'，简直就是渴望他们的到来。这也满足了读者期盼的胃口，还满足了他们急于了解母子三人身世的迫切心情。在母子三人前两次出现的时候，作者有意没有交代他们的家境等情况，等把读者的胃口吊足，吊足，再吊足之后，到母子三人第三次出场时，才把谜底揭开。作者对第三次吃面的描写，是非常值得研究的。比如，弟弟的作文，侧重表现的是老板娘对他们的激励和感染；哥哥的发言，则把侧重点放在表现母亲对自己和弟弟的感染，他说永远不会忘记母亲带着他和弟弟在每年的除夕之夜共吃一碗面的勇气。通过第三次吃面，作者把谜底揭开了。那么按理说，这个故事已经达到高潮，应该结束了。”

我停顿了一下，继续说：“但作者还安排了母子三人第四次来这家面馆吃面。按前面几次的惯性，我们都认为母子三人在新的除夕夜肯定要来的。但是他们却突然不来了！故事似乎中断了。其实，只是表面的中断，实际上，故事还在发展。这样说吧，这个故事像一条河一样，一直不停地往前流：第一次、第二次、第三次，一直往前流、流、流……我们以为还会继续往前流，没想到，第三次之后，故事突然不‘流’了，但这只是表面的不‘流’，实际上，暗流还在继续向前涌动，也就是说，表面上看故事情节中断了，其实是在蓄势。前面有一个大坝呢！这个水慢慢地往前暗涌，到了水坝前被堵住了，便往上涨，往上涨，往上涨，涨到坝顶的高度，漫过堤坝，便轰然落下，形成壮观的瀑布！虽然他们第三次来了之后，便一下子杳无音信了，到哪儿去了作者也不说，甚至干脆不写他们母子三人了，但作者写了大家对他们母子三人的惦记、崇敬，还写了他们三人的影响——远近闻名，这些都是在蓄势。虽然作者没有写这母子三人到哪里去了，但读者心里还惦记着他们呢，一直惦记着他们。到了最后，那是十四年之后，母子三人才重新出现在读者面前，于是，无论是故事中的人，还是读者，感情都达到了高潮，越过大堤，一泻千里地奔涌！而且，最后他们的出场也是一波三折。开始大家想，可能不来了吧，整个厅堂里谈笑风生，非常热闹。忽然，门响了，哦，来了，肯定是来了，厅堂里一下静下来，大家一看，是陌生人，哦，不是盼望中的人。于是，大家又开始热烈议论起来。这时，母亲出现了，哦，原来是他们，他们终于来了！你看，就连对他们出场的叙述，都是一波三折，这就是作者在文章结构上的高明之处。这个结构，注意啊，与其说是作者刻意地编造，想着怎么把故事讲得有趣些，不如说是作者忠实于生活本来的真相，忠实于故事本身发展的逻辑。因为作者是以老板娘的眼光来写这个故事的，对不对？老板娘看见的故事就是这样发展的，第一次来了，第二次又来了呀，第三次可能会来吧，盼着他们来，哎，怎么又不来了呀？整个过程没有编造的痕迹。因为是站在老板娘的角度看这个故事，是不是？”

学生们说：“是啊！”

我继续说：“但问题是——我还要继续追问，既然是用老板娘的眼睛看这个故事，那作者为什么不用第一人称，而用第三人称呢？大家考虑一下。”

学生们又开始了热烈的讨论。争论中，有的学生甚至大声地说起了方言。

我看到一个学生正滔滔不绝地在小组内说着，便走到他的面前把话筒递给他：“你这么激动，能不能给全班同学说说你的看法？”

他站起来，继续大声地说：“我认为，因为老板娘看到了母子三人每次来店里吃面的经过，所以作者有意从老板娘的角度来说这件事，因而用第三人称。”

我说：“但是我刚才的问题是，既然如此，为什么不用‘我’这个第一人称？”

这个学生一下语塞，看着我，想说什么，但又说不出来。

我给他解围：“可能你还没想成熟，是吧？嗯，这个问题比较难，甚至可以写研究论文……”

又一个学生站起来了：“如果用第一人称写，就会让人感觉到故事情节是作者刻意编写的，而不是生活中真实存在的。如果以第三人称来写，就会让读者感受到真实性。”

“这个……”我一时还不明白这个学生的逻辑，“用第一人称写，怎么就不真实了？”

这时，又一位学生跃跃欲试，想发言。我把话筒递给她：“好，你说。”

她说：“这里不用‘我’这个第一人称是有目的的：第一，如果以‘我’的口吻来说这个故事，虽然可以写出‘我’的心情和感受，却不能够最真实地写出母子之间的那种感情。更重要的是，我们最好不要把自己的感情表现出来，而应让读者去猜测老板的内心世界。”

我鼓励道：“嗯，有道理。”

她继续说：“我感觉，如果用‘我’这个第一人称去写的话，那么可以直接说出感受和体会，这太直白了。如果以一个旁观者，也就是第三人称去写的话，那么就可以让读者更清晰地深入思考这个问题，而不是直接把答案抛出去。”

我和她讨论：“如果用‘我’这个身份来写，它所描述的只是‘我’看到的一些现象和‘我’的感受，但是这个故事中还有‘我’看不到的东西，是不是啊？”

“是的。”同学们说。

我说：“那么大家再往下想，故事中究竟有没有老板娘看不到的？你们看一看，有没有？”

学生们说：“有。”

我问：“在哪儿？找一找，然后把那段文字读出来。”

学生又开始看课文，并讨论。不一会儿，一个学生站起来说：“就是老板夫妇蹲在柜台后面擦眼泪。”

我忍不住笑了，说道："哈哈，这位同学说到点子上了！你能不能把相关语句读一读？"

他大声朗读着："在柜台后面，只见他们两人面对面地蹲着，一条毛巾，各执一端，正在擦着夺眶而出的眼泪。"

我再次表扬他："你回答得太好了！"然后我对全班同学说："我再做点补充。本来作者是以老板娘的眼睛在讲故事，但没用第一人称。因为第一，用第一人称很难把观察者的一些表现、表情表达出来，比如老板娘夫妇擦泪，她不可能自己看自己啊。而这个细节非常重要，必须写出来。用第一人称是不好说的。当然，也不是不可以说'我被感动得流泪了，用毛巾不停地擦眼泪'。但大家可以比较一下，这样说和作者文中的描述，感染力是有差别的。第二，我认为作者在讲这个故事的时候，他希望达到这种效果，这就是一开始让我们以客观的眼睛去看这个故事，而不是一下进入作者的心灵世界。怎么说呢？"我在考虑如何将之说得通俗一些，让学生们能够明白，"这样说吧，如果用'我'这个第一人称，比如'我'怎么了，'我'又怎么了，那么我们读这个小说时就很容易和叙事者融为一体。然而，作者认为我们应该和主人公有点间隔，有距离感。然后随着故事的发展，读者和叙事者逐步逐步地，与故事融为一体。这是一个渐进的过程，单独用第一人称来表现是不合适的。"

我突然觉得自己好像讲得深了一些，也许不是每一个学生都能明白的，于是，我又说："当然，这一点有的同学可能不一定一下就明白，但是我在想，同学们应该学会怎么把故事讲得更富有吸引力、更精彩一些，或者更富有悬念。你们写文章需要讲故事，可故事怎么讲才吸引人呢？我举个例子。古代有一个人是高度近视，可那个时候又没有眼镜可戴，有一天早晨，他去商店买东西，可商店门关着，等了很久门还是没开。他觉得很奇怪，平时早就开门了呀！于是就仔细看商店，看到柜台后面的墙壁上好像贴了个什么东西。他想，写的是什么呢？可因为眼睛近视，完全看不清，于是就爬到柜台上，然后翻过柜台，眼睛凑到墙壁上去看，终于看清了，那上面就写了一行字：‘注意：油漆未干！’”

学生们大笑。

我说：“这个故事也可以这样讲：有一个店主，刚刚装修了店铺，柜台上刷了油漆，他怕顾客把衣服弄脏，就写了一个‘油漆未干’的提示贴在墙上，但有一个近视眼傻乎乎的，他不知道写的是什么，便翻过柜台去看，结果弄了一身的油漆。你们看，对同样一件事，用不同的叙述视角，效果是完全不一样的。我们再回到这篇课文的故事中来。本来，作者也可以这样讲：有位妇女，丈夫死了，带着两个孩子，家里负债累累，他们在北海亭面馆吃面，老板娘怎么怎么帮助他们，母子三人怎么怎么样。后来孩子有出息了，特意回到面馆表示感谢。你们看，这样讲，故事的内容并没有变，但感染力的差异是很大的。这就是叙述视角带来的不同之处。课文的作者用老板娘的眼睛观察并让她来叙述这个故事，不是偶然的。”

快下课时，我总结道：“今天李老师和大家一起学了这篇课文，希望在写作上能给大家一些启示：第一，注意细节；第二，注意结构，也就是怎么把故事讲得更好。很快便要下课了，我们回到上课最开始我给大家讲的三星集团的故事上去。为什么三星集团的会长李健熙要两次读这个故事？两次读的意义是否一样？第一次读是为什么？第二次读又是为什么？”

学生们七嘴八舌地说着，我让一个学生说说。他站起来，说道：“第一次给员工读，是为了让他们感受母子三人面对困难如何自强不息，在最艰难的岁月中乐观生活。会长希望员工们也有这种精神，自强不息，渡过难关。渡过金融危机之后，会长再次读这篇故事，是鼓励全体员工，虽然渡过了金融危机，但仍然要团结一致，不能松懈斗志。”

一个女生补充说：“第二次是为了让员工们再接再厉，不要泄气。”

我说：“好，这是你们的观点。那我说说我的观点。第一次为什么读这篇小说呢？我同意你们的观点。而第二次读，我觉得更多的是要员工们学老板娘他们那种以诚待人的经商态度。经商嘛，诚信、真诚最重要。第一次读，学习母子三人；第二次读，学习老板和老板娘。当然，这里我要强调的是，我们千万不要认为，老板和老板娘这样做是为了招揽‘回头客’。不是的！他们这么做绝不是一种经商策略，而是美好人性的自然流露，是他们心灵深处本来就有的芬芳所散发出来的气息。这是我们从这篇课文中读到的。以自己的善良给别人带去幸福，这是做人的根本。所以，我给我的历届学生都送了一句话，后来这句话成了我们学校的校训，今天我把这句话献给大家，送给杜郎口中学的同学们，作为我留给你们的礼物。这句话是——这样吧，我干脆写在黑板上。”

我边说边写——

“让人们因我的存在而感到幸福！”

学生们赶紧抄下这句话。

我说：“再过一个小时，我将依依不舍地离开杜郎口，离开你们。虽然我们只相处了两节课，但是我觉得，我们已经有了共同的情怀和共同的感动。随着时间的推移，我们也许会遗忘很多东西，但是我希望同学们对这一句话永远都不要忘记。最后，我们一起朗诵这句话，作为这堂课的结束语——让人们，起！”

学生们和全场听课的老师一齐大声朗读：“让人们因我的存在而感到幸福！”

我由衷地说：“今天我就因同学们的存在而感到了幸福。谢谢！好，下课！”

全体学生起立：“老——师——再——见！”

掌声再次响起。

【整理附言】

杜郎口中学以“把课堂还给学生”为核心理念进行课堂革命（而不仅仅是“改革”），取得了令人称奇的成就，由一个地处偏僻的农村中学而成为全国著名的素质教育改革名校。我带着一批老师前往参观学习，禁不住该校崔其升校长的鼓动，为该校学生上了这堂课。

尽管课后杜郎口中学的老师对我的这堂课评价不错，但我自己却不满意，甚至可以说很沮丧。

我的课堂一贯都比较重视学生的活动，尽量让学生积极主动地探究，但和杜郎口中学的教学模式相比，我的课就太“传统”了，依然摆脱不了教师中心主义。这堂课如果放在其他地方，可能会是一堂不错的课，但放在杜郎口，就是真正意义上的献“丑”了！

主要问题出在什么地方？课后我主动征求学生的意见，一个学生直言不讳：“李老师，您讲得太多了！”这个孩子一语中的。本来，我一直都主张课堂上老师要少讲，要尽量引导学生思考，教师尤其不要用自己的思维去取代学生的思维……这方面的文章我写了很多，但真正做到，特别是做得像杜郎口中学的老师那么彻底，还真不容易啊！

解剖自己，我得出这样的结论：观念是否真的转变了，不是看说得怎样、写得怎样，而是看在讲台上做得怎样——换句话说，我们常说的转变观念，不是纯粹的思辨，而应该是思考中的行动！